KB046535

# 17세

누구나 겪지만 아무도 모르는 나이

앎과삶 시리즈 04

# 17세

## 누구나 겪지만 아무도 모르는 나이

류대성 외 지음

한국출판마케팅연구소

# '열일곱'의 오래된 미래와
# 우리의 자화상

1799년, 나폴레옹 원정군은 이집트 국왕 프톨레마이오스 5세의 대관식을 기념하여 B.C.196년에 만든 '로제타 석Rosetta Stone'을 발견했다. 1822년 프랑스의 샹폴리옹이 해석한 내용을 보면 "요즘 젊은이들은 버릇이 없고 못됐다"라는 말이 나온다. 아이러니하지만 2200여 년 전에도 어른들은 '요즘 애들'을 걱정하고 있었다. 시대를 막론하고 왜 '요즘 애들'은 버릇이 없고 못됐을까. 그 때의 '요즘 애들'과 지금의 '요즘 애들'은 무엇이 같고 무엇이 다른가. '열일곱'을 통해 21세기 대한민국의 '요즘 애들'에 대해 생각해보자.

**'로제타 석'과 '네가지' 없는 아이들**

'로제타 석'의 '요즘 애들'은 21세기 대한민국에도 존재한다. 그들은 여전히 버릇이 없고 못됐다는 비난을 받는다. 그 비난의 주체는 기성세대다. 그들도 과거에는 비난받던 '요즘 애들'이었지만 곧 세상과 타협하거나 현실에 안주하면서 어른이 되었다. 어른들의 기준과 관점으로 보면 사회적 질서와 규범이 내면화되어 있지 않고 지적으로 미숙한 아이들이 버릇 없게 보일 수밖에 없다. 하지만 이것은 일종의 착시 현상이다. 바라보는 주체와 비교 대상에 따라 얼마든지 달라질 수 있는 문제이기 때문이다. 따라서 '요즘 애들'에 대해 말하기 전에 평가의 주체와 객체 그리고 우리의 평가 기준을 점검해보아야 한다.

'로제타 석'의 내용을 한마디로 정리하면 '요즘 애들은 싸가지 없다'가 된다. 그러나 '요즘 애들'에게 없는 진짜 '싸가지(네가지)'는 무엇일까. 어른들에 대한 무조건적인 복종과 예의가 아니라 '의욕, 목적, 희망, 열정'이 없는 것이 아닐까. 그들에게 없는 '네 가지'를 찾는 것보다 중요한 것은 그들에게 '네 가지'가 없어진 이유이다.

삶의 목표와 방향에 따라 사람들은 중요하게 생각하는 가치가 조금씩 다르다. 그렇지만 대부분의 아이들의 미래는 '돈'으로 수렴된다. 대한민국 아니 자본주의 사회의 모든 욕망이 '돈'으로 수렴되는 것이 당연한 세상의 이치를 맹목적으로 비난할 생각은 없다. 하지만 적어도 대한민국의 대다수 '열일곱'의 삶에 '의욕, 목적, 희망, 열정'이 사라지고 '돈'만 남은 현상에 대해서는 다시 한 번 심각하게 생각해볼 필요가 있다.

학교 현장에서 만나는 대다수의 학생들에게 꿈과 희망을 물어보면 구체적인 삶의 방법과 목적이 아니라 '돈'을 많이 벌 수 있거나 자신의 성적과 상황을 고려해서 현실적으로 선택할 수 있는 '직업'을 말한다. 그것은 자본의 소유 계층이 양극화된 사회를 반영한 결과이며,

모두가 똑같은 욕망으로 가득한 기성세대의 일그러진 자화상이기도 하다. 그렇기 때문에 '열일곱'은 우리 사회의 문제점을 점검하는 시금석과도 같다. 다양성을 인정하지 않는 사회, 학벌과 지역 연고주의, 법 앞에 평등하지 못한 사법 시스템, 양극화로 인한 자본의 절대 권력 등 '열일곱'의 눈에 비친 우리 사회의 어두운 면은 그들의 생각을 바꾸고 미래를 고민하는 데 결정적인 역할을 할 수밖에 없다.

우선 어른들에게 없는 '네 가지'를 찾아보자. 소위 '나눔, 배려, 소통, 참여'가 턱없이 부족한 대한민국에서 그 '네 가지'는 당연히 아이들에게서도 찾아볼 수 없다. 교육은 지식과 기능의 전수뿐만 아니라 태도와 가치의 내면화에 주된 목적이 있다. '나눔, 배려, 소통, 참여'가 통용되는 사회와 학교라면 그 '네 가지'는 아이들에게도 자연스럽게 내면화된다. 교육의 질을 단순히 대학 입학 결과를 교문에 내거는 것으로 평가하는 어른들의 태도는 '네 가지' 없는 아이들을 양산한다. 따라서 아이들보다 먼저 어른들의 생각과 태도, 사회 현상, 가정교육과 학교교육의 내용을 반성해야 한다.

**'열일곱'의 과거와 오늘 그리고 미래**

근대 이전의 '열일곱'은 가족제도와 사회제도적 측면에서 현대사회의 '열일곱'과 그 역할이 전혀 달랐다. '열일곱'은 대가족 제도 안에서 노동력을 제공하거나 결혼해서 가정을 꾸려 사회의 구성원이 되는 나이였다. 시대의 흐름에 따라 그리고 계층별로 조금씩 그 역할과 의미는 달랐지만 지금의 '열일곱'과는 다른 모습이었다. 근대 이후 학교교육이 강조되고 산업화되는 과정에서 지식의 양은 폭발적으로 증가했으며 세습된 문벌과 가문보다 개인의 능력이 더 필요한 사회가 되었다. 수학기간은 점점 길어지고 있으며 한 사회의 구성원으로 자리 잡기까지 걸리는 기간이 늘어난 만큼 결혼 연령이나 사회적 지위를 얻는 데 걸리는 시간도 길어졌다. 따라서 현대사회의 '열일곱'은 그저 미성숙한 아이에 불과한 철부지 어린아이쯤으로 치부되는 것이 현실이다. 스스로 아무것도 할 수 없으며 경쟁에서 살아남기 위해 학교를 다니며 공부하는 기계로 전락해버린 것이다. 먹여주고 재워주고 입혀줄 테니 오로지 대학 진학을 위해 다른 모든 것을 참고 견디라는 부모, 학교, 사회의 요구는 그들에게 암묵적인 공포이며 수동적이고 타율적인 객체에 머물도록 강요한다.

이러한 비극은 대학 입시를 정점으로 한 학벌사회의 폐해를 단적으로 보여준다. 중고등학교 시절 국영수 성적이 평생을 좌우하는 대한민국 사회의 학연, 지연, 혈연 관계는 눈에 보이지 않는 계급을 만든다. 홍성민은 『피에르 부르디외와 한국사회』에서 "부르디외가 진단한 프랑스 사회문제가 학교 제도를 통한 신분적 위계질서의 재생산이었다면, 필자가 진단하는 한국사회의 교육 문제는 이러한 계급적 질서의 재생산 이외에 서구의 문화적 강압효과가 우리의 일상생활을 지배하는 이른바 오리엔탈리즘 또는 후기 식민지성(post-colonialism) 논리의 중첩"이라고 주장한다. 한국 사회의 90% 이상의 관료와 대학교수가 미국에서 유학을 마치고 돌아와 미국의 시각과 기준으로 한국 사회의 문제를 바라보고 교육정책을 결정한다. 초, 중, 고등학교의 교육과정은 물론이고 교육학 이론과 교수법 심지어 입학사정관제까지 도입했다.

대한민국 사회에 적합하고 필요한 시민교육이나 제도는 단기간에 개선될 수 없다. 사회의 변화와 흐름은 교육과 무관할 수 없다. 하지만 교육은 경제 논리나 사회정치적 변화와 조금 다른 방식으로 접근할 필요가 있다. 교육의 목적과 방향을 일관되게 추진할 수 있는 장기적인 안목과 사회적 합의가 이뤄져야 한다.

대학 입시를 정점으로 한 교육은 교육이 아니다. 수시와 입학사정관제 등 입시 제도와 전형 방법이 다양해졌지만, 사회적 헤게모니를 쥐고 있지 못한 사람들에게는 사다리 걷어차기에 불과하다. 경제적으로 양극화가 심화되는 것처럼 자본주의 사회에서 계층적 위계를 규정하는 신분적 질서는 학력이나 가정의 배경으로부터 유래하기 때문이다. 따라서 '열일곱'들의 구체적이고 개별적인 행동의 원인을 분석하기 위해서는 거시적인 안목으로 우리 사회의 현상들을 먼저 짚어볼 필요가 있는 것이다.

현재 대한민국의 고등학교는 크게 네 가지로 구분된다. 과학고, 국제고, 외고 등 특목고, 자율형 사립고, 자율형 공립고 등 자율고, 각종 전문계고에 해당하는 특성화고, 사립과 공립 인문계인 일반고가 그것이다. 이처럼 다양한 고등학교가 있지만 대한민국에서 '열일곱'이 되면 사실상 일차적으로 서열이 정해진다. 대체로 특목고-자율고-일반고-특성화고로 보면 된다. 과학고, 국제고, 외고, 자율고에 입학하지 못한 학생들은 사립과 공립 인문계에 진학하고 성적이 안 되는 경우 전문계고에 입학하게 된다. 자신의 성적을 고려하지 않고 적성과 소질에 따라 미래의 진로와 직업을 선택하는 경우는 극히 드물다. 이렇게 현대판 계급제도가 시행되고 나면 최종 라운드에 올라 대학 진학을 위해 치열한 경쟁을 치러야 한다. 어느 사회, 어느 조직에서나 경쟁은 피할 수 없는 삶의 한 양식일 수도 있다. 하지만 그 경쟁은 과연 교육에서 반드시 필요한 것인지는 의문이다. 그 경쟁을 통해 우리는 무엇을 얻고 무엇을 잃었는지 다시 한번 생각해보자. 아니, 이런 현실을 온몸으로 받아들일 수밖에 없는 '열일곱'이 처한 오늘의 현실은 우리가 알고 있는 바와 같다.

## 실현되지 못할 '욕망'과 현실적 '규범' 사이

고등학교 1학년에 해당하는 '열일곱'이라는 나이는 괴테의 표현대로 질풍노도疾風怒濤의 시기이다. 자아정체성을 형성하는 과정에서 자존감을 형성하고 타인과 관계 맺는 방식을 배워야 할 나이이다. 그래서 부모나 교사보다 친구가 중요한 때이며 불안한 미래, 지적 호기심, 이성에 대한 관심, 보다 넓은 세상에 대한 궁금증으로 가득한 때이기도 하다. 하지만 대한민국의 '열일곱'은 구체적인 고민과 미래가 없다. 2012년 1월에 교육과학기술부가 한국직업능력개발원에 의뢰해 진로 진학 상담교사가 배치된 고등학교의 학생과 학부모 4000여 명을 대상으로 조사한 '2011년 학교 진로 교육 현황 조사'에 따르면 학생과 학부모 모두 교사와 공무원을 가장 선호하는 것으로 나타났다. 과연 이 결과는 우리에게 무엇을 말해주는가.

한편 아이러니하게도 교사와 공무원들의 직무만족도는 매우 낮은 것으로 나타났다. 결국 적당한 보수와 직업의 안정성을 우선순위에 두었다는 뜻이다. 가슴 두근거리는 열정도 미래에 대한 도전도 없다는 말이다. 실패를 두려워하지 않고 새로움을 만들어가는 젊음의 특권을 포기한 그들은 안전제일주의자가 되어 어른들의 가치를 받아들인다. '열일곱'은 기성세대의 관점과 생각을 빠르게 습득하며 그것을 내면화한다. 학교는 그것을 실현하기 위한 도구일 뿐이다. 그 경쟁과 규범의 세계에 적응하지 못하고 매년 학교를 떠나는 학생이 매년 7만 명이 넘는다. 우리는 그들을 비학생이라고 부른다.

학생이든 비학생이든 대한민국의 '열일곱'이 겪는 오늘의 문제는 획일성이다. 그들의 꿈과 미래에 대한 갈망은 돈과 직업으로 환원된다. 돈을 많이 버는 일을 갖는 것이 그들의 꿈이며 미래라고 할 수 있다. '첫 섹스는 왜 슬픈가'로 시작되는 우석훈과 박권일의 『88만원 세대』는 20대의 세대론을 경제학적 관점에서 풀어낸다. 그래서 10대는 '44만원' 세대라는 말까지 등장했다. 대한민국의 '열일곱'에게는 사랑하는 사람과 함께 살 권리를 생각해본 적이 있느냐는 질문 자체가 어불성설이다. 사회적으로 인정받을 수 없는 그들의 사랑은 가장 현실적인 문제지만 사회적으로 가장 실현 불가능한 문제 중 하나이기 때문이다.

'열일곱'의 고민은 성적, 친구, 이성, 가족, 외모, 진학 등 다양하게 표출되는 것 같지만, 실현되지 못할 '욕망'과 현실적 '규범' 사이에 놓여 있다. 그리고 그 고민들이 모든 '열일곱'에게 크게 다르지 않고 비슷하다는 데 오히려 더 큰 문제가 있는 것은 아닐까. 다양성이 사라진 시대를 살아야 하는 아이들은 도대체 무슨 꿈을 어떻게 꾸어야 하는지조차 생각해본 적이 없고 배운 적도 없다. '무엇이든 네가 원하는 것에 최선을 다해라, 그러면 행복한 삶을 살 수 있다, 그러면 돈도 명예도 따로 오는 것이고 그런 삶이 너를 진정한 행복으로 이끌어준다'는 하나마나 한 소리를 '요즘 애들'은 귀 기울여 듣지 않는다.

청소년이 우리 사회의 미래라는 말은 부정할 수 없는 사실이다. '열일곱'의 미래는 오롯이 그들의 몫이 아니라 우리들의 오래된 미래일 것이다. 그러나 그들의 미래는 막연한 꿈과 희망으로만 해결되지 않는다. 현재가 행복하지 않은 아이들이 행복한 미래를 꿈꿀 수는 없을 테니까 말이다. 그들에게도 '지금-현재'의 행복을 허하라!

**청소년의 반대말은 성인이 아니라 자유!**

장애인의 반대말은 정상인이 아니라 비장애인인 것처럼 청소년의 반대말은 어른이 아니라 '자유'라고 할 수 있다. 모든 '~하지 마라'에서 벗어나지 못하는 현실이 '열일곱'으로 상징되는 청소년의 한계를 말해준다. 그것은 단순히 청소년기에 습득해야 하는 사회적 규범의 내면화와 다른 문제이다. 지금 현재 행복하지 않으면서 행복한 미래를 준비하라고 말할 수는 없다. 중학교를 졸업하고 고등학교에 입학하는 '열일곱'은 어린이도 아니고 어른도 아닌 애매한 나이가 아니라 능동적이고 주체적으로 자신의 삶을 가꾸어야 할 나이라는 믿음을 주어야 한다. 스스로 선택하고 판단하고 행동하고 그것을 존중하는 가정과 학교 그리고 사회를 만들어가려는 우리 모두의 노력이 필요하다. 그래야 자유에 대한 책임, 권리만큼 중요한 의무도 함께 배울 수있다. 트리나 폴러스의 『꽃들에게 희망을』에 나오는 애벌레처럼 저높은 곳을 향해 미친 듯이 친구들을 밟고 올라가는 연습만으로는 '네 가지' 없는 '요즘 애들'이 될 뿐이다.

21세기에는 '베스트best'가 아니라 '유니크unique'가 필요한 시대다. 무엇이든 최고가 되라는 충고 대신 너만이 할 수 있는 것을 찾아보라고 권해야 한다. 네모난 학교 네모나 교실에서 네모난 꿈을 꾸지 말고, 이미 만들어진 틀에 맞춰 '적응'하지 말고 '변화'와 '실천'을 통해 새로운 것을 만들어갈 준비를 해야 할 나이가 바로 '열일곱'이다. 하워드 가드너는 다중지능 이론을 통해 인간의 지능을 '언어, 논리수학, 인간진화, 자기성찰, 공간, 자연진화, 음악, 신체운동' 등 여덟 가지로 제안한다. 오로지 언어와 논리수학 지능이 높은 사람을 제외하고 모든 사람이 '루저'가 되어야 하는 비정상적인 사회에서 벗어나 다양한 가능성을 발휘할 수 있는 토대를 마련해주는 것이 어른들의 몫이 아닐까 싶다.

그들에게 성적으로 한 줄로 세우는 야만적이고 전 근대적인 폭력을 휘두르지 말자. 우리는 그들에게 미성숙한 존재, 성인이 되지 못한 존재가 아니라 얼마든지 시행착오를 겪으며 미래를 준비할 수 있다는 용기를 주어야 한다. 이 땅의 '열일곱'이여 '3년만 참아라! 그러면 너의 미래가 달라진다, 수능만 보고 나면 뭐든 다 해주마, 고등학교 시절이 너의 평생을 좌우한다, 지금 공부 안하면 영원히 후회한다…'는 말에 속지 말라고 진심으로 다독여줘야 한다. 세상에는 수많은 삶의 길이 있다. 그리고 그 길들은 공부를 못해서 억지로 걷는 길이 아니라 내가 선택한 행복한 길이어야 한다.

아직 우리에게 희망과 미래가 있다면 그것은 언제나 '열일곱'으로 상징되는 '청소년' 때문이다. 고개를 들고 멀리 내다보자. 우리들은 과연 무엇을 위해 어떻게 살고 있는가. 우리 사회가 지향하는 바는 무엇이며 어디를 보고 가고 있는가. 그 고민의 해답이 우리가 '열일곱'에게 줄 수 있는 가장 가치 있는 미래가 아닐까.

　'열일곱'에 관한 수많은 책들이 쏟아져 나왔고 앞으로도 그러할 것이다. 일시적인 관심이나 출판시장의 블루오션으로서가 아니라 우리들의 현재와 미래를 살펴볼 수 있는 가장 예민하고 중요한 세대로서 의미를 다시 한 번 생각해볼 필요가 있다. '열일곱'을 기르는 부모와 가르치는 교사 그리고 사회 전체가 똑같은 목적을 가지고 하나의 방향으로 그들을 내몰 수는 없다. '열일곱'이 주체적이고 능동적인 존재가 될 수 있도록 다독이고 길을 만들어줘야 한다. 그들이 스물일곱, 서른일곱의 나이로 어떤 삶을 살아갈 수 있을지 예측 가능할 수 있도록 최소한의 '희망'을 제시해야 하는 것이 아닐까. 우리가 그들보다 한 발 먼저 그 길에 대해 고민할 필요가 있다.

**열일곱을 위한 서른 가지 무지개**

자아에 대한 진지한 탐구의 시간을 거쳐 세상을 향한 호기심이 폭발하는 나이가 되면 오히려 혼란스런 상태에 빠지기 쉽다. 세상은 모순으로 가득하고 어느 것 하나 만만하지 않기 때문이다. 지금은 '멘토' 과잉의 시대라 할 만큼 조언과 충고와 위로가 넘쳐나는 시대다. 하지만 청소년들에게 교훈과 규범의 측면에서 정해진 길과 성공을 위해 달리라는 가르침은 필요 없다. 그들에게 필요한 것은 '공부법'과 잡다한 '자기계발' 류의 책이 아니다. 자신의 정체성을 찾고 스스로의 고민이 어떤 것인지 객관적으로 점검할 필요가 있다. 대한민국 '열일곱'이 겪어야 하는 평범한 고민부터 다양하고 특별한 상황까지 다양한 이야기를 들어보는 것이 중요하다. 그들이 겪는 심리적 방황은 물론 육체적 문제까지 다양한 분야의 책을 통해 먼저 그들을 이해하고 똑같은 눈높이에서 그들을 바라보자. 진정한 소통은 무조건적인 사랑이나 이해가 아니라 상대방을 앎으로써 시작되기 때문이다.

내 자녀, 조카, 이웃집 학생 혹은 알바 현장에서 만나는 십대의 모습은 그저 '요즘 애들'로 치부할 수 없는 다양한 모습으로 드러난다. 가슴을 열고 그들을 만나고 그들의 미래를 함께 고민하기 위해서는 무엇보다도 먼저 기성세대의 생각과 태도가 변해야 한다. 그들은 우리가 보호하고 가르쳐야 할 미성숙한 존재가 아니라 세상을 함께 고민하고 대화하며 살아가야 할 동반자이기 때문이다.

'열일곱'이 행복해지기 위해서는 어른이 먼저 행복해져야 하며 어른이 행복해지기 위해서는 생각의 좌표가 달라져야 한다. 돈과 권력과 명예가 인생의 성공을 가늠하는 척도가 아니라 내 삶의 목적과 방법에 대한 자신감과 만족감이 우선되어야 하지 않겠는가. 또한 대학 입학을 정점으로 한 교육이 아니라 미성년에게 석차를 매기지 않는다는 원칙을 세우고 대학 입학이 공부의 마지막이 아니라 출발이어야 하는 것이 아닐까. 부의 세습과 계층의 이동이 불가능한 교육제도가 고착화되는 한 우리 사회에 미래는 없다. 교육은 부모의 책임이 아니다. 모든 교육은 무상으로 국가가 책임지고 개인은 그 교육의 결과를 사회로 환원해야 한다는 사고의 전환이 필요한 시점이다.

이 책에 실린 34권의 책은 심리학에서 출발해서 인권을 거쳐 철학과 문학에 이르기까지 다양하다. '열일곱'들과 생활하는 교사, 사서 등 각 분야의 전문가들로 이루어진 〈학교도서관저널〉 추천위원분들이 책을 선정하고, 그 의미를 되새기는 데 도움을 주었다. 이 책은 한

마디로 '열일곱'을 만나기 위한 에피타이저라고 볼 수 있다. 이 책은 '열일곱'을 통해 우리 사회의 미래를 고민하기 위한 어른들을 위한 책이다. 아흔 일곱이 될 때까지 '열일곱'의 미래는 우리가 먼저 준비해야 한다.

**류대성** 용인흥덕고등학교 국어교사

차례

## 2. 열일곱, 너를 응원한다

## 3. 열일곱의 문학

# 열일곱,
# 네가
# **궁금해**

# 마음의 문을 두드리는 처방전

**17세의 마음문 노크하기**
서선미 지음, 들녘, 2011

런던 베이커 거리 221B의 하숙집을 찾아온 의뢰자들은 그들의 신상과 용건을 읊어대는 셜록 홈즈 앞에서 놀란 입을 다물지 못한 채, 이 노련한 전문가에 대한 무한한 신뢰의 시선을 보낼 것이 분명하다. 기분 나쁠 정도로 정확하게 숨겨진 사실들을 꼬집어내는 점술가 앞에서 마음의 속살이 발가벗겨진 이들이 자신들의 운명을 '누군가에게' 확실히 들을 수 있다고 믿듯이, 말이다. 우리들의 내담자인 학생들이 고민을 말하기도 전에 '척 보면 안다'며 고민의 열쇠를 흔들어 보일 수 있다면 얼마나 좋겠는가. 그러나 나는 오늘도 교무실 한 켠에서 프림 없는 커피처럼 허망하고 쓰디쓴 몽상을 품어보며, 굳게 다물어진

입과 고집스레 시선을 피하는 아이의 얼굴을 바라보다 감정의 평행선을 쭈욱 그리고 만다.

## 솔직한 대화를 통한 문제의 공유

이혼 후에도 외갓집에 출입이 잦았던 아이가, 계속 그러려거든 엄마한테 가서 살라는 아빠의 핀잔을 들은 이후로 엄마에 대해 한마디도 꺼내지 않더라는 이야기를 들었다. 평소 말수가 적은 반 아이의 성격에 대해 질문을 하자 아이의 아빠가 짐작해 들려준 답변이었다. 이 아이가 어렸을 적 엄마와 헤어지게 되었을 때 부모에게 구체적인 이야기들을 듣지 못했으리라는 것은 어렵지 않게 짐작할 수 있었다.

『17세의 마음문 노크하기』는 햇살쌤이라는 별명으로 현재 안양청소년센터 상담팀장으로 일하고 있는 서선미 선생님이 12년간 만난 아이들에 대한 사례와 이야기, 그리고 짧은 편지글과 팁을 담아낸 상담 처방전이다.

이 책은 청소년들이 자신들에게 일어난 큰 변화에서 철저하게 소외되었다고 말한다. 이혼이 가져오는 가족의 중대한 변화를 무시하고 부모들은 일방적으로 자녀에게 통보한다. 성교육이나 자살예방교육에서도 직접적인 어휘를 회피하며 담론을 금기시하는 태도로 인해 학생들은 올바로 이해하지 못할 때가 많다. 성병이나 임신, 친구의 자살을 목격한 학생들이 그들에게 일어난 문제를 부모나 선생님과 상의해야겠다는 바람을 접는 것은 '보호'라는 명목으로 아이들과 대화를 기피하거나 외면하는 어른들의 태도 때문이다.

나 역시 학생을 동등한 대화의 상대자로 여기지 못하는 어른이다.

교복을 입은 재학생과 사복을 입은 졸업생을 대하는 나의 태도는 사뭇 다르다. 실제 그들의 나이는 차이가 크지 않은데도, 졸업생에게는 말도 쉽게 놓지 않는 이중적인 면을 드러낸다. 또한 돌발적인 상황과 사건의 연쇄과정에서 교사로서의 나는 즉각적이고 신속한 조치를 요구받을 때가 많다. 청소년 내담자와 부모, 교사가 서로의 생각을 있는 그대로 받아들이는 참다운 대화가 어려운 것은 짐작과 불안, 그리고 조급함 때문이라는 저자의 지적에 나는 꽤 뜨끔했다.

**스스로를 보지 못하는 아이들**

최근 몇 년 사이에 정신과 상담 치료를 받는 학생들이 눈에 띄게 증가하였다. 3개월 이상의 입원 치료를 요하는 학생들의 경우 병원학교 혹은 사이버 학급을 운영하여 학생들의 수업 결손을 방지하고 치료를 병행하고 있다. 대부분의 학생들은 가족 관계나 또래 관계에서 지속적인 스트레스에 시달린다. 특히 학교에서 보내는 시간이 점점 길어지는 만큼, 청소년들에게 가장 큰 영향을 끼치는 또래 관계의 영향력은 절대적이다. 화장실도 같이 가야 하고 밥도 혼자 먹을 수 없다는 책 속의 사례는 특히 여학생들 사이에 일반화된 지 오래다.

주먹다짐으로 번지는 남학생들의 학교 폭력 이상으로 여학생들 사이에 일어나는 언어 폭력이나 심리적 견제는 학생들의 정신 건강을 심각하게 위협한다. 타인의 시선에 갇혀 스스로를 억누르는 학생들도 문제지만, 자신이 당할지 모르는 따돌림을 다른 학생에게 투사함으로써 모면하는 가해자의 비뚤어진 심성 또한 교정 수위를 넘어서고 있다. 우울한 기분을 병으로 만듦으로써 자신의 무력감이나 탈선

행위를 합리화하는 방패로 쓰지 말라는 저자의 일침은 결국 스스로를 제대로 보지 못하고 만성적인 불안감에 시달리는 청소년들이 진지하게 생각해볼 부분이라 여겨진다.

## 어른들이 아이에게 다가가는 몇 가지 방법

햇살쌤, 안녕하세요? 지금도 아이들의 다양한 고민을 들어주며 '호밀밭의 파수꾼'을 자처하고 계시겠지요? 가족, 꿈, 진로, 정신 건강, 성이라는 다섯 개의 카테고리 안에 아이들의 질문과 목소리가 느껴지는 소제목을 달아놓으신 목차를 보며 얼마 전 학교에 제출했던 저의 초라한 상담일지를 떠올렸습니다. 개인적인 호기심의 대상으로 내담자들의 사례를 살피지 말라고 하셨는데, 저는 상담 횟수로 아이들을 이해한다고 여기고 있었습니다. '사춘기'라는 성의 없는 한마디로 청소년기를 무책임하게 규정하는 것은 아이들을 이해할 수 없는 괴물로 만들어버린다는 당부를 잊은 채, 심통 부리는 아이를 몰아세우고 말았습니다.

제가 이 책에서 얻고자 했던 것도 '상담 기술'이라는 저렴한 호기심이었는지 모르겠습니다. 그것은 마치 에리히 프롬의 『사랑의 기술』을 보며 사랑의 테크닉을 건지려는 팁 사냥에 빠진 꼴이겠지요. 다양한 기법들을 적용하기에 앞서 내담자인 학생이 편안하게 입을 떼도록 해야 한다는 것을 간과하고 말았습니다.

얼마 전 미국 코미디언 콤비의 스탠딩 코미디를 플래시 애니메이션으로 만든 〈1루수가 누구야?〉를 학생들과 함께 보았습니다. 웃긴 이름을 가진 팀원들로 인해 생긴 포복절도할 상황으로 소통이 얼마나 어려운 것인지를 보여주고 있는데, 에필로그에서 선생님이 들려주신 거웨인과 늙은 마녀 이야기처럼 유쾌하답니다.

학교를 다니는 이유를 부모님이나 선생님이 만들어준다면, 더 이상 학생들이 "스스로 선택하며 사는 삶"을 얻을 수 없다는 데 저 역시 동의합니다. 그러므로 이제 학생의 속마음을 놀랍도록 꿰어 맞추는 홈즈 대신 아이들이 스스로 추리하며 주인공이 될 수 있도록 곁을 지켜주는 왓슨 박사가 되어보려 합니다. 몇 년 만에 다시 시작한 가정방문은 아이들과 부모님을 당황스럽게 만들겠지만, 끝내고 돌아오는 골목길이 생각만큼 어둡지 않으리라 기대합니다. 마음의 귀를 활짝 여는 대화가 될 수 있도록 응원해주시고 늘 건강하세요.

**왕지윤** 경인여자고등학교 국어교사

# 외로운 양치기 소년들의
# 속 이야기

**외로워서 그랬어요**
문경보 지음, 샨티, 2011

양약고구良藥苦口. 몸에 좋은 약은 입에 쓰다는 말인데, 교사에게 이 책이 바로 그렇다. 채 다섯 장도 안 되는 짧은 에피소드 한 편을 읽다가 힘이 들어 책을 덮어버렸다. 학생의 흥분된 목소리, 교무실을 울리는 선생님의 호통소리, 그리고 갑자기 찾아든 무거운 정적. 책에 묘사된 상황이 눈앞에 보이는 듯 생생하게 다가와 덜컥 겁이 난 탓이다. 아이들의 절절한 사연이, 가슴 깊이 간직한 상처와 아픔이, 날 것 그대로 날아와 나에게 생채기를 내지 않을까 두려웠다. 아니 어쩌면 그보다 아이들의 상처를 따뜻하게 보듬어주는 저자의 모습에 비해, 그

힘든 상황을 애써 외면해왔던 나 자신이 부끄러워서인지도 모르겠다. 아무튼 읽는 동안 무척 불편하고 입맛이 쓴 것을 보니 몸에 좋은 책인 것만은 분명해 보인다.

## 누가 아이들을 외롭게 하는가?

저자는 이솝우화의 양치기 소년이 세 번이나 거짓말을 한 것은 외로움 때문이라고 말한다. 누구라도 좋으니 자기를 찾아와주기 바라는 마음에 거짓말을 한 것인데, 마을 사람 어느 누구도 양치기의 마음을 알아주지 않았던 것이라고. 저자의 눈에 비친 아이들의 모습도 이와 다르지 않았다.

22년 교직생활을 하며 만났던 상처받은 아이들은 모두 관심과 사랑이 필요한 외로운 아이들이었다. 그 외로운 양치기 아이들과의 일화를 모아 한 권의 책으로 펴낸 것이 바로 이 책이다. 총 26편의 에피소드로 구성되어 있는데, 특이한 점은 각 장의 주인공들이 흔히 말하는 문제아가 아닌 우리 주위에서 쉽게 볼 수 있는 지극히 평범한 아이들이라는 점이다.

아버지를 힘들게 하고 싶어 친구의 지갑을 훔친 아이, 음악을 하고 싶지만 노점상을 하시는 부모님이 마음에 걸려 혼자 끙끙대는 아이, 가정 형편 때문에 개천에서 난 용이 되어야 한다며 공부에만 집착하는 아이. 겉보기에 별 문제가 없어 보이는 이 아이들이 속으로는 너무나 상처받고, 아파하고 있었다는 사실을 그 누구도 알아주지 않았다. 누가 이 아이들을 외로운 양치기 소년으로 만들었을까? 외로움에 지친 아이들의 숨은 절규를 알아채지 못하고, 거짓말 한 것만 탓하는 어른들(특히, 교사와 부모)은 과연 그 책임에서 자유로울 수 있을까? 이 안타까운 현실을 저자는 아이들의 입을 빌어 가감 없이 보여준다.

## 가장 큰 무기는 공감이다

마음에 깊은 상처를 지닌 아이들은 가슴속에 두꺼운 벽을 쌓고 살아간다. 그 상처가 혹시나 덧나지 않을까 두려운 마음에 지나치게 경계하며 쉽게 곁을 내어주지 않는 것이다. 지금 이 순간에도 이 땅의 많은 교사와 부모들은 굳게 닫힌 그 마음의 벽을 허물기 위해 고군분투하고 있다. 저자 또한 열정 하나만으로 학생들과 씨름하며 오래도록 시행착오를 겪어오다 우연히 상담 공부를 하게 되었다고, 그 공부를 통해 학생들의 마음을 조금 엿볼 수 있게 되었다고 한다. 그리고 이제 그 비결을 공유하고자 세상에 내놓은 것이다. 그런데 그 비결이란 것이 알고 보면 특별한 것이 아니다.

마음껏 울 수 있도록 자리를 내어주고, 아이들이 먼저 이야기할 때까지 가만히 기다려주는 것. 그리고 자기 내면의 상처에 당당히 마주할 수 있도록 믿어주고 함께 아파하며 곁을 지켜주는 것. 그건 바로 공감이었다.

나는 아직도 성남이가 왜 그토록 힘들어하고 외로워했는지, 과거에 어떤 일이 있었는지 알지 못한다. 그리고 솔직히 별로 궁금하지도 않다. 다만 내가 그런 성남이의 감정과 만났다는 사실만 기억한다. 그리고 성남이의 마음이 조금씩 치유되는 모습을 보면서 나도 덩달아 행복해

지던 느낌만 그대로 간직하고 있다. (66~67쪽)

아이들이 바라는 것은 자신들이 가진 문제에 대한 해답이 아니었다. 그저 자신들이 힘들었음을, 그동안 많이 외로웠음을 알아달라는 것뿐이었다. 그것만 알아주고 공감해주면 아이들은 자기 내면의 힘으로 그 상처를 극복해내는 놀라운 능력을 보여주었다. 이 책은 그 놀라운 성장의 기록이다.

**마음껏 울어라. 너희는 울 자격이 충분하다**

책은 처음부터 끝까지 눈물로 가득하다. 그러나 그 눈물은 슬픔의 눈물이 아니라, 치유의 눈물이요, 내면의 자신에게 손 내미는 화해의 눈물이다. 눈물의 힘은 위대하다. 메마르고 갈라진 땅을 적시는 시원한 소나기처럼 한바탕 눈물이 지나간 자리 뒤에 남는 것은 기름진 마음밭이다. 그래서일까? '그대 울지 마라, 외로우니까 사람이다'라고 외친 유명한 시인의 말이 이 책에서만큼은 그다지 어울리지 않는다. 지금 이 아이들에게 필요한 것은 쌓인 감정의 찌꺼기를 씻어낼 만큼의 시원한 울음과, 그 곁을 지켜줄 든든한 지원군이다. 그 지원군을 자처하는 저자라면 분명 아이들의 등을 토닥이며 이렇게 말할 것이다. '그래, 마음껏 울어라. 외로우니까. 그동안 힘들었을 테니까 너희는 울 자격이 충분하다.'

저자는 말한다. 이 책에 '상담교사가 되는 기술'이나 '자녀들을 완벽하게 이해하는 부모가 되는 방법' 같은 것은 없다고. 그러나 책을 통해 이 땅의 청소년들을 한갓 '학생'이 아니라 똑같은 '사람'으로 보는 눈은 깊어질 수 있을 것이라고. 옳은 말이다. 이 책이 가장 필요한 사람은 부모와 교사이다. 이 책은 그동안 자녀들의 아픔에 무심했던 부모에게는 반성의 기회를, 잘잘못을 따지기에 급급했던 교사에게는 공감이 먼저라는 진심 어린 조언을 전한다.

그럼 학생 독자들이 받을 보상은 무엇일까? 그건 바로 따뜻한 위로와 격려이다. 나만 힘든 것이 아니었음을, 내 주위에도 외롭고 아픈 친구들이 많이 있음을 깨닫고 동병상련의 마음을 나눌 수 있다. 그리고 그 친구들이 끝내 스스로의 힘으로 상처를 극복하고 일어서는 모습에서 용기와 자신감을 얻을 수 있을 것이다.

만병통치약은 없지만, 누구에게나 도움이 되는 좋은 약은 있는 법. 나는 자신 있게 말할 수 있다. 이 책 바로 그런 약이라고. 조금 쓰기는 하지만 교사, 부모, 아이들 모두에게 더 없이 좋은 보약이 될 것이라고.

**황정근** 영덕고등학교 사서교사

# 나의 이야기를 들려줄게

**대한민국 10대를 인터뷰하다**
김순천 지음, 김정하 사진, 동녘, 2009

발칙한 발언으로 들릴지 모르겠지만, 이 책은 당장 제목부터 바꾸어야 한다. '대한민국 10대 극히 일부만을 인터뷰했다' 정도로? 대한민국 10대들의 이야기를 다 담는다면 쪽수가 '무한대'인 최초의 책이 탄생할지도 모르니까.

"우리도 다 겪었기 때문에 네 맘 다 알아. 알고는 있는데, 지금 당장 중요한 건 말이지…"

어른들의 이런 말들은 전혀 고맙지 않다. 결국엔 본인들이 하고 싶은 말씀들을 하시려는 것 아닌가요. 사양합니다.

이 책은 아이들의 '외침'을 담고 있다. 특별히 뭘 어떻게 해달라는 것이 아니다. 그들을 이해해달라는 것은 그 의미를 알아달라는 게 아니라, 그저 귀를 열고 이야기를 들어달라는 것이다.

오늘은 어린이날이다. 어른들은 '젠장, 올해는 몇 번 있지도 않은 빨간날이 왜 하필 토요일이야.' 볼멘소리부터 하겠지만, 고3들은 간만에 집에 있을 수 있는 토요일이라 반갑다. 그러나 그나마도 집에서 엄마의 잔소리를 들으니, 조용한 독서실로 피신히는 것을 선택하는 아이들. '1년만 죽었다고 생각하자!' 하는 각오도 엄마의 잔소리 앞에서 무너져 내릴 때가 많다.

왜 그러세요? 고3 안 겪어 본 엄마처럼. 시간이 지나면 뭐든 잊혀지기 마련이지요. 그런데 어떻게, 힘들었던 그 기억은 모두 잊혀졌는데, 본인들이 못 다 이룬 꿈은 그렇게도 잘 기억하시고, 저에게 이루라 하시나요. 내 꿈은 그게 아닌데.

**평생 공짜로 짐을 보관해주는 도서관**

내가 일하는 학교도서관은 상담 부분에 있어, 전문성으로 본다면 상담실보단 한 단계 낮다. 하지만 더 낮은 것이 있다. 바로 문턱이다. 한 번씩 들를 때 마다 점점 낮아지다가 아예 없어지기도 하는 것이 바로 학교도서관의 문턱이다. 그만큼 본인의 이야기를 꺼내놓기도 쉬운 공간이다. 드나드는 학생들과 가볍게 나누는 대화로 닫혔던 마음이 스르륵 열리면, 말해보라고 다그치지 않아도 알아서 자기만의 이야기를 털어놓는다. 그들이 떠난 자리에는 크고 작은 마음의 짐이 한 보따리 놓여 있다. 다시 찾아가지 않아도 되는 무거운 짐 보따리를 도서관에서는 평생 공짜로 보관해준다.

우리 학교 도서관은 보통 시험 기간을 4~5일 앞두고는 책을 대출해주지 않는다. 내신도 중요한 어쩔 수 없는 대한민국의 고등학교인지라. 그래도 꼭 그 기간에 찾아와 책을 빌려 달라고 생떼를 쓰는 아이들이 있다.

"딱 한 권만 빌려주세요. 저 이 책 꼭 읽어야 돼요!"

"안 돼! 평소엔 안 읽던 책이 왜 시험 때만 되면 읽고 싶어지냐고!"

"중간, 기말고사는 평소 실력으로 보는 거죠! 오늘 야자시간에 읽어야 해요. 안 그러면 저 잔단 말이에요. 선생님, 제발요!"

시험 하루 이틀 전 야간자율학습 시간 내내 잠만 자는 것보다는 책이라도 한 줄 읽는 편이 낫다고 판단하여 결국 빌려주고 만다. 도서관을 즐겨 찾는 보통 학생의 경우는 이랬다.

그런데 올해는 참 이상하다. 한 녀석이 시험 6일 전 쯤, 책을 빌리러 왔기에 "이제 책은 그만 읽고, 공부하는 게 좋지 않을까?" 했더니, "아! 그렇죠? 저도 고민 중이었어요. 그럼 중간고사 끝나고 다시 오겠습니다." 하고는 깍듯이 배꼽인사까지 하고 돌아가는 게 아닌가. 나는 한동안 가만히 앉아 있었다. 뭐야, 쟤? 이런 일은 또 처음이다. 역시 자사고라 그런가? 당황스러웠다. 하지만 도서관에 고민을 놓고 간 그 녀석의 뒷모습은 즐거웠다.

**쌤! 저 100%로 들어왔어요!**

이번 중간고사 전 주에도 우리 학교 축구부 1학년 녀석들이 책을 빌려달라고 온갖 아양을 떤다. 안 빌려 주시면 잠만 자겠노라고 협박까지 한다.

"그럼 약속 하나만 하자! 책 빌려가는 대신 이번 중간고사 등수를 올리는 거야! 네 뒤에 딱 4명! 오케이?"

"아아!! 말도 안돼요~! 우리학교 자사고예요! 축구부가 깔아줘야죠. 그리고 저 100퍼로 들어 왔어요. 쌤!"

"그래? 네 뒤에 단 한 명도 없어? 그럼 올라갈 일만 남았네! 너희 반에서 네 뒤에 4명! 한 줄로 긋고 자지 말고, 풀면 할 수 있어. 한글 읽을 수 있잖아!"

그러자 옆에서 다른 한 녀석이 거든다.

"야! 00이 지금 부상 때문에 학교 못 나오잖아! 개 빼면 3명이야!"

"좋아! 00이 포함해서 4명! 쉽다, 그치? 만일 네 뒤에 4명… 그거 못하면 앞으로 졸업 전까지 대출 정지다."

녀석. 난감한 표정이다. 녀석에겐 서울대 가라고 하는 말보다 어려운 말일 수도 있다. 새벽부터 밤까지 훈련하면서, 수업도 다 들어야 하는 축구부 학생들에게 좋은 성적을 요구하는 것은 고문일지도 모른다. 훈련도 힘들고, 수업도 못 따라가서 가뜩이나 힘들 텐데, 짬을 내서 책을 보는 것만으로도 박수를 쳐주어야 하는지도 모르겠다.

하지만 아주 불가능한 일도 아닌 것 같아 보여서 짓궂게 밀어붙여 보았다. 아무튼 나는 다음 주에 학교에 가면 내신 100%로 우리 학교에 당당히 들어온 S군의 성적을 물어봐야 한다. 물론 결과가 어찌되었건 책은 앞으로도 빌려줄 생각이다.

**누구도 10대를 대표할 순 없다**

나는 이 책에서 시험 기간에는 〈100분 토론〉도 재미있다는 중학생

민정이의 이야기를 읽으며, 고등학생 시절의 나를 떠올렸다. 시험 기간만 되면, 평소에 안 하던 책상 정리가 왜 이렇게 하고 싶은지. 공부가 안 되는 가장 큰 이유는 지금 어지럽혀져 있는 이놈의 책상 때문이라고 생각했다. 때 아닌 대청소를 하고 나면 잠이 밀려온다. 30분만 잔다고 침대에 누웠는데 눈을 뜨면 아침. 시험을 못 본 이유는 날 깨우지 않은 엄마 때문이었다. 10년 전 일인데, 요즘 학생들도 별반 달라지진 않았다. 달라진 것은 나다. 커버린 지금의 나는 고등학생 움의 마음을 절대로 다 이해할 수 없을 것이다.

물론 하나 같이 다른 고민으로 힘겹게 10대라는 이름과 싸우고 있는 아이들의 이야기를 모두 다 들어줄 수는 없다. 그러기에 우리들의 10대는 너무나 많다. 하지만 우리 앞에서 어렵게 꺼낸 그들의 마음의 외침을 듣고도 모른 척 하지는 말아야 한다. 그들은 우리의 미래이기 때문이다. 너 보다 오래 살았으니 다 안다는 말은 이제 그만.

결국 이 책은 일부 청소년들의 특별해 보이지만, 전혀 그렇지 않은 일상의 이야기일 뿐이다. 사실 누구도 모든 10대들을 대표할 수는 없다. 왜냐하면 이 세상에 10대가 10명이라면, 10명 모두 전혀 다른 이야기를 가지고 있을 것이기 때문이다. 그렇지만 여기 소개된 아이들의 이야기를 듣고, 그들의 마음을 이해하는 것부터 시작으로 삼아도 좋겠다. 그 시작을 도와줄 수 있는 그들의 외침이라는 점에서 이 책은 좀 더 가치 있다.

**정움** 경희고등학교 사서교사

# 새로운 학교를 꿈꾸는 사람들

**내 안의 열일곱**
김종휘 지음, 산티, 2007

'십대는 문제가 아니라 사회적 자원이다(Youth is not a problem but a resource)' 라는 말은 우리 학교가 십대를 만나는 태도를 대변하고 있다. 스스로 좋은 자원이 되기를 희망하는 십대들은 자발적이고 적극적인 학습 방법을 원하고 있고, 그러한 요구를 고려하여 우리 학교는 새로운 교수 방법을 채택한다. (중략) 어디에서 무엇을 하며 살든지 자기 주도적으로 학습을 하며 자신의 삶을 가꾸어가는 사람을 기르는 게 우리 학교의 목표다. (158쪽)

스웨덴 청소년정책국의 슬로건인 '십대는 문제가 아니라 사회적 자원이다'를 모토로 새로운 교육의 장을 연 학교가 있다. 사회 통념상 자칫 문제아로 치부되거나 전락할 수 있는 탈학교 아이들을 다른 시각에서 바라보고, 그들의 가능성에 날개를 달아주는 곳. 2001년 서울 도심 한복판에 문을 연 '하자작업장학교(하자센터)'가 바로 그곳이다. 이 책은 "하고 싶은 것 하면서 먹고 살자"는 당당한 포부로 하자센터를 기획하고, 뜻하지 않게 서른 남짓한 아이들의 담임이 된 저자가 그들과 2년간 부대끼며 성장한 이야기이다.

**아이들과 함께 성장하기, 교사 되기 그리고 어른 되기**

교사라는 이름으로 아이들을 처음 만난 저자는 그 속에서 자기 안의 수많은 열일곱을 발견하며, 그들과 함께 성장해간다. 갑자기 다가와 기나긴 울음으로 자신을 당황하게 한 아이(두희), 끊임없이 행복을 자문하며 불행을 끌어안는 아이(윤아), 관계를 모르고 고마움을 모르면서 자기 혼자 성장할 수 있다고 착각하는 아이(수정). 저자는 이 아이들을 통해 잊어버렸던 울음을 찾게 되고, 행복해지려면 질문을 바꿔야 한다는 것, 올바른 관계의 정립과 실패의 중요성을 깨닫는다. 또 누구에게도 상처주고 싶지 않은 아이(민희), 아무것도 하기 싫어하는 아이(재식), 제도 교육이 어울리는 아이(진미) 등의 아이들을 통해 자신의 고정관념이나 잘못된 판단 기준을 수정하기도 한다. 이렇듯 그는 아이들을 통해 아직 웃자란 무수한 자신을 대면하게 되고, 다시 성장하는 기회를 갖게 된다.

이는 비단 저자뿐만 아니라 지난날의 우리 모습이기도 하고, 현재의 내 모습이기도 하다. 울음에 대한 새로운 시각을 열어준 '두희'의 사례는, 의사 표현의 하나였던 울음이 어느 순간 미숙하고 미운 행동이 되고, 남에게 보여주기 부끄러운 행동이 되었는가를 자문하게 한다. 그 속에서 우리는 진짜 울어야 할 때를 잃어버리고, 울고 싶을 때 기대 울 수 있는 누군가도 되어주지 못한다. 저자는 그런 울음은 지켜보기만 해도 된다며 울음을 다시 찾기를 권한다. 그리고 끊임없이 행복을 자문하는 '윤아'의 사례는, 불행하지 않은 이유를 통해 충분히 행복을 찾을 수 있음에도 불행을 끌어안는 우리의 모습을 대변해준다. 수많은 불행에도 죽는 것만큼 불행한 일은 없었다며, 불행 속에서 오히려 행복을 끌어안은 사람들처럼 질문만 바꾸면 행복해질 수 있다고 말이다. 그리고 '수정'이의 사례는 부모의 어긋난 사랑이 받는 것을 당연시 여기고 감사할 줄 모르는 아이로 자라게 할 수 있음을 경계하게 한다. 그리고 가끔 마주치게 되는 '재식'과 같은 아이. 우리는 그들을 마냥 다그치지만, 그런 아이에게 어른(교사)이 할 수 있는 일은 없다고 한다. 단지 그 아이가 스스로 깨우치고 일어설 때까지 바라봐주는 것 외에는 말이다.

이처럼 각기 다른 아이들, 이 외에도 다양한 수많은 아이들을 대하는 바른 태도는 무엇일까? 저자는 명쾌하게도 그 해법을 말미에 적어두고 있다. '어른 되기' 또는 '교사 되기'라는 이름으로 그가 열거한 일곱 가지 항목은 어른으로서, 또는 우리 모두는 누군가의 스승이라는 점을 생각한다면 깊이 새겨둘 만하다.


아이를 자신의 동료로서 초대하기, 아이와 고생하면서 서서히 친해지기, 아이에게 친구와 협력하도록 장려하기, 아이 앞에서 하기 싫은 일을 할 때 고백하기, 아이가 길을 잃을까봐 두려워할 때 축하해주기, 아이가 순종적인 추종자로 자라는 것을 경계하기, 아이가 감사할 일이 많아지는 인생을 깨우치게 돕기 (305쪽)

## 진정한 대안교육 찾기

우리는 공교육의 수많은 문제점을 제기하며 학교를 개혁과 혁신의 장으로 몰아세운다. 하지만, 아이러니하게도 어떤 학생에게는 그곳이 가장 적합한 대안학교가 되기도 한다. 이 책에 등장하는 '진미'도 그 중 하나다. 스스로 만족할 만한 모범적인 학교생활에도 불구하고 대안학교를 찾은 진미, 대안학교에서도 모범적인 생활을 했지만, 입시를 목표로 하는 그녀에게 저자는 '너한테는 공교육이 바로 대안'이라며 돌려보낸다. 나는 언젠가 "학교는 감옥이다"는 책의 한 구절을 가지고 아이들과 토론한 적이 있다. 대다수의 아이들이 이 표현에 동의하며 학교를 부정했지만, 의외로 반대 의견도 만만치 않았다. 이처럼 대입을 최우선 목표로 삼는 인문계 고등학교 학생들에게는 때론 학교가 대안교육이 되기도 한다.

그래, 너한테는 공교육이 바로 대안적인 길 찾기야, 일반 학교가 나쁘고 대안학교가 좋은 게 아니야, 어디서든 자신에게 맞는 길을 찾아가면 되는 것이지, 네가 정말 원하는 것이 무엇인지 불투명할 때는 네가 지금 제일 잘하면서도 싫지 않은 그것을 놓아버리면 안 돼. (288쪽)

제도권이던 제도권 밖이던 아이들마다 각자에게 어울리는 교육이 있다. 공교육이라고 해서 고쳐야 될 문제투성이이고, 대안교육이라고 해서 모두 옳고 현명한 처사는 아니라는 것이다. 각자의 개성을 존중하고 그들의 가능성과 꿈을 열어주는 곳, 그 곳이 가장 훌륭한 대안학교가 될 것이다. 하지만 더디게 흘러가는 교육 현장에서 모든 아이를 만족시키는 교육의 실현은 묘연하다. 그저 교사인 우리들이, 학교 밖의 또 다른 교사인 어른들이 이 책의 저자처럼 좋은 길잡이가 되어주는 것이 우선은 최선이 아닐까 생각해본다.

**정현아** 중마고등학교 사서교사

# 조금 다른 아이들의 목소리에
# 귀 기울이기

**조금 다른 아이들, 조금 다른 이야기**
김고연주 지음, 이후, 2011

'십대 여성들의 성매매 경험과 치유에 관한 기록'이라는 부제가 달린 이 책은 저자가 '불쌍하지도 무섭지도 않은', 보통의 10대와는 '조금 다른 아이들'의 삶 속에 깊숙이 들어가 그들의 이야기를 귀 기울여 듣고 기록한 후, 사회구조적인 맥락에서 분석하고 해결 방법을 모색하고 있다는 점에서 소중하다.

저자는 "십대 여성들의 목소리를 대변하겠다는 철없는 의협심에서" 성매매를 경험한 10대 여성들을 만나기 시작했다고 한다. 의무감과 정의감, 한편으로 아이들에 대한 짠한 마음을 갖고 있었던 그의 예상과는 달리 담담하고 명랑한 아이들의 모습을 보며 차츰 선입견에서 벗어난다. 그러다가 원조교제를 주제로 석사 논문을 쓰기 위해 'W센터'에서 인턴으로 일하면서, 밤에는 일주일에 한 번씩 동대문 거리로 나가 상담 활동을 하면서 본격적으로 성매매 경험이 있는 10대 여성들과 만났다.

시간이 흐른 뒤 박사 논문을 준비하며 2007년부터 1년 2개월 동안 '서울위기청소년교육센터'에서 성매매 경험이 있는 10대 여성들을 대상으로 캠프를 운영하는 일을 맡아 백 명이 넘는 아이들을 만나게 되고 일을 그만둔 뒤에도 몇 명과 만남을 지속하게 된다. 그리고 만남을 지속했던 열 명의 아이들과 나눈 대화를 날것 그대로 실었다. 저자는 인터뷰가 자신의 연구를 위한 것만이 아니라 아이들이 스스로를 치유해가는 과정의 일부여야 한다고 생각한다. 그래서 아이들을 만나 친밀한 수다를 나누듯 이야기를 끌어가며 아이들의 고민이나 과거의 상처들을 마음껏 이야기하도록 한다. 그런 과정을 통해 저자는 아이들의 상황을 그들 삶의 맥락에서 진정으로 이해할 수 있게 되었으며, 자신도 더 많이 성장했다고 고백한다.

## 10대 여성의 성을 바라보는 이중적 태도

10대가 등장하는 뉴스는 하나같이 부정적이거나 비판적이다. 더더구나 10대 성매매에 관한 기사는 선정적이고 폭력적이기까지 하다. 그것은 10대 성매매 여성을 바라보는 우리의 시각이 대단히 폐쇄적이라는 것을 말해준다. 우리 사회는 성매매를 하는 10대 여성들을 법적으로는 보호해야 할 피해자로 간주하면서도 이면에서는 비난한다. 성매매가 사회구조적인 문제임을 인식하지 못한 채 일부 개인의 문제로 몰아가면서 10대 성매매 여성을 윤리적으로 비난하고 선정적인 기삿거리로 전락시켜버리는 것이다.

저자는 우리 사회가 10대 여성들이 성매매를 하게 되는 복합적인 원인과 과정에 대해 관심을 기울여야 하며 깊은 성찰이 필요하다고 말한다. 즉, 우리 사회가 "십대 여성들을 무성적인 존재로 간주하면서도 이면에서는 이들의 성을 적극적으로 성애화하며 소비하는 이중적인 태도를 보이고 있는" 것이 문제라는 것이다. "화장을 하거나 교복을 줄여 입는 십대 여성들의 행태에는 눈살을 찌푸리면서도 그런 십대 여성의 성을 사는 사람들이 있고, 아슬아슬한 무대의상을 입고 선정적인 춤을 추는 걸그룹에 열광하는 것이 우리의 현실"이라고 날카롭게 지적한다. 이런 사회 분위기 속에서 "십대 여성들은 자신의 섹슈얼리티가 지닌 가치를 자연스럽게 인식하게 되고 거리에서 직접적인 보상을 받으며 자신의 섹슈얼리티를 자원화하는 방식을 터득하게 된다."는 것이다. 그렇게 하여 거리를 떠도는 아이들은 성적 자기결정권이나 자존감을 잃어버린 채 놀이, 데이트, 번개, 동거 등 다양한 형태의 성매매에 뛰어들게 된다.

저자는 "십대 여성들을 사회적 약자로 위치시키고, 성적 대상으로 소비하며, 노동시장에서 배제하고, 사회적 안전망을 갖추지 않은 우리 사회가 십대 여성들을 성매매 시장으로 내몰고 있"는 현실을 지적하면서, "눈에 보이는 성매매 현상만을 피상적으로 들여다보면서 성매매를 해서는 안 된다는 결론만 반복하며, 처벌과 비난의 관점에서만 십대 성매매를 바라보지 말고 그들의 목소리에 귀를 기울여야 한다"고 주장한다.

## 일탈에서 일상으로 돌아갈 수 있도록 지지해주는 사람이 필요

가출하여 거리를 떠도는 10대 여성은 성매매에 유입될 수 있는 위험이 커진다. 탈성매매는 보통의 10대 여성의 일상으로 돌아간다는 뜻인데, 가족과의 관계가 단절되고, 학업도 중단되고, 씀씀이가 커진 아이들에게는 일상의 삶으로 돌아간다는 것은 쉬운 일이 아니다. 거리에 나선 아이들은 일단 어떤 일이든 해서 돈을 벌어야 한다. 그러나 청년 실업률이 증가하는 사회에서 10대들이 일자리를 구하기는 더욱 힘들다. 특히 10대 여성들은 더더욱 열악한 노동 환경에 처하게 되는 반면 "어린 여성의 몸에 대한 우리 사회의 탐닉이 점점 증가하면서 십대 여성들은 고가의 가치를 지니고 있는 상품으로 자리 잡았다. 십대 여성들은 노동시장에서는 최저 몸값이지만 성 시장에서는 최고 몸값이라는 이중적인 가치를 동시에 지니게 되면서 짧은 시간에 큰돈을 버는 조건과 갖가지 착취와 성희롱을 당하면서도 적은 돈을 버는 일 사이에서 어떤 선택을 할지 고민하게" 되는 것이다. 따라서 "십대 노동시장이 양적으로, 질적으로 변하지 않는다면 아이들이 성매매에 재유입되는 현상을 막는 데 한계가 있다"는 저자의 지적은 설득력이 있다.

그럼에도 불구하고 저자가 만난 아이들 대부분은 고군분투하며 성매매를 중단하고, 검정고시 등으로 학력을 취득했으며, 새로운 직장을 갖고 가족과도 화해하고 결혼을 하거나 출산을 해서 보통의 삶으로 돌아갔다. "성매매를 중단하고 자활하기 위해서는 다양한 심리적 상처를 치유해야 하고 무엇보다 성매매를 하면서 손상된 자신감과 자기애를 회복하는 것이 중요하다. 자신감과 자기애를 회복하기 위해 가장 필요한 것이 타인의 인정과 관심이다. 특히 아이들의 상처를 이해하고, 그 상처를 치유하는 데는 많은 시간이 걸리지만, 지속적인 관심과 지지가 있다면 반드시 치유될 수 있다는 믿음을 보여 주고 기다려 주는 존재가 필요하다"는 저자의 말이 마음속 깊이 남는다. 10대 청소년과 관계 있는 모든 이에게 이 책을 권한다.

**송경영** 신림중학교 국어교사

# 아이들이 잔인한 이유, 집단의 가공할 힘

**어른들은 잘 모르는 아이들의 숨겨진 삶**
마이클 톰슨 지음, 김경숙 옮김, 양철북, 2012

### 내 아들녀석의 '숨겨진 삶'

아들에게서 전화가 왔다. "엄마, 나 싸웠어요. 코뼈가 부러졌어요. 병원에 왔는데 CT촬영을 해봐야 한대요. 여기 선생님 바꿔줄게요." 학교에서 야간자율학습을 하고 있어야 할 시간에 이게 무슨 날벼락인가! 전화를 한 곳은 모대학병원의 응급실이었다. 부모의 동의 없이는 미성년자의 검사를 할 수 없어 담당자가 아들아이에게 전화를 하라고 시킨 모양이다.

우리 아들아이는 착한 아이다. 평소 말 잘 듣고 친구들과도 잘 지내고 있어 이런 일이 생길 거라고는 상상조차 해 본적이 없었는데 난데없이 이런 전화를 받으니 순간 얼이 빠지는 것 같았다. 도대체 왜? 친구와 주먹질을 했단 말인가? 그 착하기만 한 녀석이…

나중에 상대방 아이의 엄마와 통화를 해보니 그 아이 역시 매우 착한 아들이란다. 엄마들은 이렇게 다들 자기 아이에 대해 잘 모르는 걸까? 아이들이 엄마 앞에서 하는 행동과 친구들 틈에 있을 때 보이는 행동이 다르고, 집에서의 모습과 학교에서의 모습이 다르다는 이야기는 종종 들었지만 이렇게 내 아들녀석의 '숨겨진 삶'과 마주하게 될 줄이야. 일이 어떻게 된 것인지 아들녀석에게 이야기를 들으면 들을수록, 마침 이 책을 읽고 있었던 것이 큰 도움이 되었다.

요즘 친구들에게 따돌림과 괴롭힘을 당하다가 끝내 목숨을 끊어버린 중학생들이 속속 뉴스에 등장하면서 학교는 비상이 걸렸다. 맞붙어 싸운 두 녀석은 이런 때에 학교에 이 사실이 알려지면 이 일이 일파만파로 커질 소지가 있다고 판단하고, 절대 학교에는 알리지 않기로 합의를 보았단다. 아들이 하는 이야기를 정리해보니 시비가 생겨 둘의 분위기가 험악해지자 말만으로는 해결이 될 것 같지 않더란다. 상대 아이의 어머니를 통해 들은 바로는, 그때 몸싸움을 끝까지 피했다면 주변에서 지켜본 다른 친구들에게 비겁하다는 놀림을 당하게 될까 그게 두려웠다고 하니 말이다. 둘이 시비가 붙고 분위기가 험악해져서 몸싸움으로 번지는 과정을 주위에서 지켜본 친구들이 있었다는 것은 그곳이 학교니까 당연한 것이지만, 그 친구들은 '싸울 때는 싸우는 것'을 정의로 안다는 것인가? 이성적으로 감정을 추슬러 싸움을 피하는 일이 그들 사이에서는 비겁자가 되어 왕따를 당할 일이라는 말에 기가 막혔다. 이것이 바로 책에서 언급한 '사회적 잔인성'이라는 것이구나 하는 생각이 들었다. 둘이 치고 받고 싸우는 도중 상대 아이는 입술이 찢어져 피가 나왔다고 했다. 그러다 유난히 세게 한 방을 맞고 아들의 코가 눈에 띄게 비뚤어지는 지경에 이르자 이를 지켜보던 한 아이가 싸움을 중단시켰고 그 아이가 함께 병원 응급실로 가는 것으로 그 상황이 일단락되었다는 것이다.

아무튼 그 사건은 그렇게 끝났다. 병원에서 치료를 받고 치료비 문제도 저희들끼리 정한 대로 엄마들이 만나서 정리했다. 지금 아이들은 아무 일 없었다는 듯 전과 다름없이 학교생활을 하고 있다.

**아이들에 삶에 친구가 차지하는 몫**

부모들이 아이들의 친구 문제로 걱정을 시작하는 시기는 대부분 아이가 중학생 때이다. 최고점에 이른 사춘기와 친구 문제가 겹쳐 많은 부모들이 당황스러워 하는 시기다. 이때쯤이면 더 이상 부모님과 함께 여행이나 외식을 하지 않으려 할 뿐더러, 심지어 친구들과 어울리는 일에 사활이 걸린 것처럼 굴어서 부모를 당황시키는 일도 자주 벌어진다. 친구들에게 괴롭힘을 당하다 끝내 자살했다는 아이들도 대부분 중학생이다. 그만큼 친구가 아이들의 삶에서 중요한 자리를 차지한다는 이야기다. 도대체 이 시기의 아이들에게 어떤 일이 벌어지고 있는 걸까? 정말 친구 문제는 이 시기의 아이들에게만 문제가 되는 것인가? 이 책은 이 질문에 대한 답을 준다.

이 책에는 친구 문제가 아이들에게 얼마나 중요한지를 아이의 성장 단계별로 이해할 수 있도록 서술되어 있다. 저자는 아동심리학자

이면서 학교 상담교사이고 아이들의 아빠다. 이런 세 가지 역할을 충실히 해온 풍부한 경험이 글에 녹아 있어서 도무지 알 수 없었던 아이들의 세계가 차츰 내 앞에서 문이 열리는 느낌이 들었다.

이 책에서는 아이에게 작용하는 또래집단의 가공할 힘을 이해하기 위해서 우정의 발달단계를 설명한다. 우정의 발달단계를 통해 아이들의 친구 사귀는 기술이 어떻게 발전하는지 알 수 있다. 아이들은 부모가 최초의 친구가 되어주었던 시기를 지나, 부모가 친구를 만들어주는 시기를 거친 다음에 스스로 친구를 사귀는 아이로 성장한다. 따라서 아이가 자기 스스로 친구를 사귀는 데 서툴다면 그 전 단계에서 충분히 부모의 도움을 받지 못한 것은 아닌지 생각해볼 필요가 있다. 그리고 스스로 친구를 사귀는 것뿐만 아니라 부모와의 관계보다 친구와의 관계에 모든 것을 걸고 빠져드는 시기에 이르렀다면 이또한 자연스러운 것임을 알아야 한다. 친구와의 문제로 고민에 빠졌을 때, 별것 아닌 일에 징징댄다고 비웃는 실수는 절대 하지 말아야 한다는 말이다. 부모에게서 지지를 받고 자존감을 키우며 성장한 아이는 친구들 사이에서 눈치 없이 굴어 따돌림 당하지 않으며 부당하게 대우하는 또래집단에 목을 매면서 절망하지도 않는다고 한다. 청소년기로 접어든 아이에게 친구문제가 생겼을 때, 부모가 할 수 있는 일이란 하나도 없기 때문에 우정의 발달단계를 아는 것은 중요하다.

## 걱정하지 않아도 아이들은 자란다

아들아이의 일은 내가 무엇을 어떻게 손 쓸 수 없는 가운데 발생하고 진행되었으며 정리되어버린 느낌이다. 이런 상황에서 부모가 할 수 있는 일이란 없다더니만 그 말이 정말 맞는 말이었다. 다행히 이 책의 도움으로 그 상황에서 나에게 필요했던 평정심을 유지할 수 있었고, 크게 걱정하지 않을 수 있었으며, 일을 키우는 실수 없이 잘 마무리할 수 있었다고 생각한다.

집단은 아이들에게 자신의 일부를 부정할 것을 요구하며, 부모가 본다면 자기 자식이 아닌 것 같다는 생각이 들 언행을 아이들에게 요구한다. (182쪽)

집단의 힘에 압도당하지 않고 자신의 의지로 행동할 수 있는 사람은 아이가 아니라 성인일지라도 불과 4%에 지나지 않는다고 한다. 5장의 내용에 포함된 이 실험 결과는 우리 아이들의 뜻밖의 행동을 이해하는 데 큰 도움이 될 것이다.

**신정화** 서울삼광초등학교 사서교사

# 사춘기, 그 위험 지대의 교사

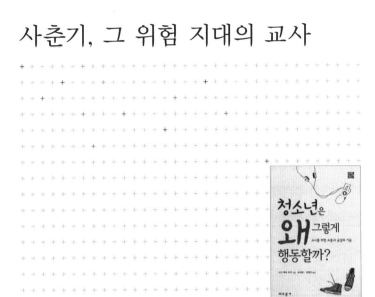

**청소년은 왜 그렇게 행동할까?**
수잔 에바 포터 지음, 유재봉·심혜경 옮김, 교문사, 2011

뭐랄까? 반항, 가출, 무력감 뭐 이런 정도로 생각하는 단어가 사춘기다. 지극히 부정적인 이미지가 느껴진다. 어른에게 사춘기는 그저 아련한 기억에 불과하다. 나이가 많이 들어 머리가 희끗희끗해졌다면 그 기억은 더 먼 거리의 흔적일 뿐이다. 어른들은 청소년들의 행동이 눈에 거슬리기 시작하면 그저 막연히 '사춘기가 왔나'하고 안타까운 눈빛을 던진다.

하지만 청소년을 만나는 사람이 교사라면 이야기는 달라진다. 왜냐하면 교사는 매일매일 사춘기가 요동치는 그 위험 지대에 항상 서

있어야 하기 때문이다. 사춘기의 폭풍 지대에 안전하게 서 있으면서 폭풍의 이동 경로를 탐색하고 그 진행 방향을 잘 알기 위해서는 어떻게 해야 할까? 『청소년은 왜 그렇게 행동할까?』는 그 방법을 제시해 준다.

저자는 학교에서 20년 동안 근무하면서 자신이 직접 겪은 청소년들과 교사의 이야기를 다루고 있다. 독자가 교사라면 학교 현장의 실제 이야기를 접하면서 때로 공감하기도 하고 때로는 자신의 실수를 생각하며 등줄기에 땀이 흐를지도 모른다. 초임 교사이든 경력이 많은 교사이든 이 지침서를 읽고 나면 자신이 매일 만나는 10대 학생들을 좀 더 잘 이해할 수 있을 것이다.

## 사춘기의 폭풍 속으로

10대의 뇌는 어른의 뇌와 어떻게 다를까? 과학에 근거한 자세한 설명이 가능하겠지만 간단히 요약하자면 10대의 뇌는 아직도 성장 중이라는 것이다. 특히 10대의 뇌는 어른과 달리 뇌의 앞부분인 전두엽 전전두피질의 이른바 '집행 기능'이 완전히 발달되어 있지 않다. 그래서 사춘기에는 불완전한 결정과 행동을 하게 된다. 즉, 미성숙한 뇌 때문에 10대는 어른의 눈으로 보기에는 불완전한 행동을 보이는 것이다.

저자에 따르면 10대의 거친 말투와 공격적 성향, 본능적 행동도 뇌가 성장하면서 발생하는 문제라고 한다. 이에 대한 이해 없이 10대를 대한다면 어른들도 폭풍에 휘말릴 수밖에 없다. 따라서 10대의 뇌를 이해하고 그 속내에 좀 더 다가가야 한다. 교사는 이러한 사춘기의 폭풍 여행에 변화를 유도해낼 수 있는, 청소년들에게는 꼭 필요한 존재이기 때문이다. 어디로 향할지 모르는 사춘기 폭풍의 길잡이 역할을 해내려면 사춘기의 다양한 모습을 이해해야 할 필요가 있다.

**폭풍과 마주하는 교사의 기술**

사춘기는 청소년뿐만 아니라 교사와 학교 사회에까지 영향을 미친다. 즉 사춘기의 폭풍 속에서 생활하는 교사는 사춘기 바이러스에 감염될 공산이 크다고 한다. 실제로 교사는 10대가 사용하는 언어들을 많이 사용하고 10대와 비슷한 행동을 하기도 한다. 이런 위험 지대에서 근무하는 교사는 그래서 기술이 필요하다.

이 책의 저자는 교사에게 필요한 여러 가지 기술을 제안하고 이를 실천할 것을 주문한다. 교사는 확고한 자기 인식을 바탕으로 자기를 억제하고 지배해야 한다. 또한 주어진 상황을 현명히 판단하고 갈등에 효과적으로 대처할 수 있어야 한다. 학생 및 동료들 사이에 경계를 유지하는 것도 중요한 기술이다.

이런 교사의 기술을 응용한 것이 바로 어른이 10대에게 해주어야 할 일들이다. 교사는 10대가 필요한 것과 바라는 것, 공감과 동일시 등 구분이 모호한 것들을 각각 구분할 줄 알아야 하는데, 학부모도 유념해야 할 문제다. 학교와 가정에서의 일관된 교육은 청소년에게 성장의 방향을 제시해주기 때문이다.

이 책을 읽다가 책 분량의 중반을 넘어서면 그럼 교사는 어떻게 해야 하는가 하는 물음이 생긴다. 그 물음에 대답하기라도 하는 듯 친절하게도 저자는 그것을 책의 마지막 부분에 남겨두었다. 바로 어른이 실천해야 할 8단계 자기관리법이 그것이다. 마지막 부분은 사춘기의 폭풍 속에서 일해야 하는 교사들에게 자기관리법을 구체적인 실천 방법으로 제시하고 있다.

## 숲을 관리하는 관리자의 기술

학교 관리자의 교육철학에 따라 학교의 색깔은 달라지게 마련이다. 관리자가 누구냐에 따라 당연히 거기서 근무하는 교사들의 학생 지도 방법이나 형태도 영향을 받기 때문이다. 교사가 숲 속의 나무 하나하나를 보살핀다면 관리자는 숲 전체를 알고 관리해야 할 책임이 있다.

이 책에서는 지원, 투명성, 교육, 평가 및 관리로 명명되는 소위 A-TEAM이라는 학교 관리자의 5가지 핵심 지침을 알려주고 있는데, 이를 통해 바람직한 학교 문화 형성과 올바른 학생 지도에 대한 열쇠를 찾을 수 있을 것이다. 물론 평교사가 읽어도 먼 훗날 학교 관리자로서 학교 사회를 건강하게 지키는 방법을 미리 터득하는 것이 될 것이다.

학교 폭력 문제로 온 나라가 시끄럽다. 가해 학생의 생활기록부에 해당 내용을 기재하여 불이익을 주겠다거나, 학교 폭력 전담 경찰을 배치하겠다는 대책들이 제시되고 있지만, 어떤 게 근본적인 치유책이 될지는 의문이다. 이제 청소년, 학부모, 교사 그리고 우리 사회 모두 근본적인 해결책을 논의해야 한다. 특히, 교사는 청소년의 상황을 제대로 이해하고 이를 바탕으로 청소년들의 올바른 성장을 이끌어 내는 역할을 해야 한다. 이를 위해서는 먼저 청소년에 대한 바른 이해와 자기 자신에 대한 성찰을 해야 한다. 그런 점에서 어느 시대 어디서나 존재하는, 사춘기의 위험 지대에 서 있는 교사는 이 책을 통해 10대의 특징을 이해하고 자신을 돌아볼 수 있는 계기를 마련할 수 있을 것이다. '청소년은 왜 그렇게 행동할까?' 그 이유가 무엇인지 알았을 테니까 말이다.

**배영태** 용인포곡고등학교 교사

# 인권, 타고난 모습 그대로
# 행복할 권리

**인권은 대학 가서 누리라고요?**
김민아 지음, 끌레마, 2010

2011년이 '아프니까 청춘'인 20대가 우리 사회에 새로운 화두를 던지는 해였다고 하는 데 반론을 제기하는 사람은 없을 것이다. 그런데 그 청춘의 해가 넘어가던 겨울의 문턱에, 갑자기 청소년 문제가 용광로처럼 끓어올랐다. 마치 이 세기에 처음 일어난 일인 것처럼 학교 폭력과 청소년 인권 문제가 연일 보도되었다. '개념 없는 청소년'들이니, '가정교육과 공교육의 붕괴'니, 경쟁만을 강조하는 '사회구조적인 문제'라는 등 진부하기만 한 내용들이 새로운 분석인 양 터져 나왔다. 그 와중에 꽃다운 아이들이 스스로 '더는 그만 살기'를 택하며 충

격은 더해만 갔다.

　이슈가 확대되던 그해 겨울, 나는 교원임용고사 3차 시험을 준비하고 있었다. 시기적으로 매우 민감했던 학교 폭력과 학생인권조례, 체벌 등을 주제로 스터디원들과 예상 문제를 만들어 함께 이야기했다. 학생들은 인권 동아리나 학생 자치활동을 통해 스스로 권리를 인식하고, 타인의 권리에 대한 '역지사지易地思之'의 태도를 갖기, 그리고 교사는 민주적이고 일관적인 태도로 학생을 존중하기 등 권리의식의 차이를 좁혀가는 대안들에 대해 토론했다. 그러나 실제 청소년들의 인권 의식은 어떤지, 학교 현장에서 인권 교육이라는 것이 어떻게 실현될 수 있을지 살갗에 절실하게 다가오지 않았다.

**인권은 대학 가서 누리라고요?**

이 책의 저자는 국가인권위원회 소속으로, 학교 안팎의 교육 현장에서 만난 청소년들의 목소리와 인권위에 진정된 사례들을 고스란히 담았다. 코시안, 장애우, 미혼모, 퇴학 청소년, 대안학교 학생과 새터민의 학습권에 대해 다루는가 하면, 나이와 성, 학력, 종교, 노동의 문제까지 접근하여 폭넓은 스펙트럼을 보여주고 있다. 특히, 어른들이 정해놓은 규율에 구속받는 아이들뿐만 아니라 방임된 아이들의 인권까지 세세하게 훑어주는 안목은 현장에서의 경험이 잘 녹아든 느낌을 준다.

　저자는 불법적인 간섭을 받지 않을 권리도 있고, 관심 어린 양육을 받을 권리도 갖고 있는 청소년들이 그들의 인권과 행복에 관한 문제에서 어린이도 어른도 아닌 모호한 역할을 강요받고 있다고 말한다.

20대에게 '개새끼'라는 이름을 붙여주면서 결집을 통해 스스로 권리를 찾기를 바랐다면, 청소년에게는 민주주의를 "연습하고 훈련받을 권리"를 돌려줌으로써 그들의 인권을 논의할 수 있지 않을까.

이 책에서 일기 검사, 체벌, 무상급식, 복장 규제, 휴대폰 사용과 같은 학교생활에 대한 학생들의 반응들은 의외로 단단하고 진지하다. 이제는 단순하게 대상을 규제하느냐 풀어주느냐의 이분법적 시각으로 각을 세우기보다는 무엇을 위해 왜 규제하는지 섬세하고 본질적인 접근이 필요하다는 생각이 들었다. 그러기 위해선 무엇보다 청소년들을 소극적 규제의 대상이 아닌 적극적인 삶의 주체로 인정하고 다른 주체들과 함께 토론할 수 있는 장이 마련되어야 한다. 지금 제 기능을 다 하지 못하고 있는 학급자치회를 활성화하여 힘이 아닌 논리로 나와 다른 견해를 가진 타인을 설득하고, 자신과 타인의 인권을 보호하는 민주시민의 기본 자질을 경험할 수 있는 가장 기본적인 기회로 삼아야 한다. 그리고 문제 해결을 위한 공론의 장이 생활권으로 익숙하게 파고들 수 있도록 최대한 그 시간과 운영의 질을 보장해주어야 할 것이다.

**여기서 인권을 말하라고요?**

인권교육은 민주주의가 처한 문제 전체와 씨름한다는 것을 의미한다. 민주적인 학교 운영은 인권 교육의 진정성과 신뢰성을 위한 필수 조건이다. 그것이 없는 인권교육은 생활로부터 유리된, 죽은 언어로 남는다. ─ 「All human beings」(유네스코)

권리가 유예된 존재가 아닌 '지금-여기' 현존하는 존재로서 청소년의 인권은 민주적인 환경 속에서 실현될 수 있다. 가령, 체중이나 외모의 조건으로 존재의 미추美醜를 판단하거나, 스스로를 '그 지경'으로 만든 개인 탓으로 돌리는 편견이 작용하는 사회 그리고 청소년을 성인의 하위존재로 인식하는 사회 분위기에서 청소년 인권문제는 아이들의 삶 주변을 겉돌며 '생활과의 괴리'라는 한계와 끊임없이 부딪치고 만다.

프랑스 철학자 미셸 푸코는 『감시와 처벌』에서 학교가 감옥의 일망감시탑과 닮았다고 말한 바 있다. 학교가 감옥과 같이 규율적 권력을 통해 학생의 몸을 길들인다는 것이다. 저자가 인권 교육 현장에서 청소년 문제에 대해 격의 없는 대화를 나누고, 만화 그리기나 게임의 방식으로 내면의 문제에 접근하고 있는 것도 사실은 '감시와 처벌'이 없는 민주적인 환경을 조성하고, 우리의 청소년들이 '대학 가기 전에' 자신의 인권을 마음껏 누렸으면 하는 바람과 닿아 있을 것이다. 하지만 그러한 바람이 구체적인 방향성을 갖지 못한 채로 단편적으로 나열된 것은 아닌가 안타까운 점도 있다. 인간으로서 마땅히 누려야 할 인권이기에 이제는 보다 많은 사람들이 방향성과 대안을 함께 이야기할 수 있도록 저자가 조금 먼저 걷고 있는 인권 교육의 길을 함께 걷는 이가 많아졌으면 좋겠다.

**인권, 타고난 모습 그대로 행복할 권리**

문득, 레이디 가가의 내한공연 타이틀이기도 했던 곡 〈Born this way〉의 가사가 떠올랐다. 경제적인 능력과 인종, 또는 성 정체성에 있어 주류든 아니든 상관없이, 태어난 모습 그대로 살아간다면 우리는 잘 가고 있는 것이라는 메시지를 담고 있는 노래에서 엄마는 딸에게 이렇게 말한다. "There's nothing wrong with loving who you are!"(네 자신 그대로의 모습을 사랑하는 건 잘못된 게 아냐!) 사실 이 책을 읽다 보면 인권이라는 것이 그 단어에서 오는 무게만큼 심오하기만 한 것은 아니라고 생각하게 된다. 완전체로 인정받지 못하고 어른을 위한 삶을 살거나, 무관심 속에서 상처받고 있는 '17세'들에게 원래 자신들의 삶을 돌려주는 것, 그뿐임을 계속해서 일깨워준다.

인권 교육은 내가 받고 싶지 않은 처우를 다른 사람에게 강요하지 않는 것으로부터 출발한다. 하지만 학교에서는 학생들에게 이러한 것을 충분히 연습할 기회를 주기보다 여전히 순종을 미덕으로 삼고 그것에 저항하는 존재들에게 억압적인 대우나 철저한 무관심으로 일관한다. 자신의 생각을 표현한 것 때문에 '진술서'를 써야 하는 분위기에서 자신들이 배제된 규칙과 차별에 익숙해져버린 우리의 아이들의 진짜 목소리를 다양한 곳에서 들을 수 있을 때 청소년 인권에 대해 다시 이야기할 수 있을 것이다. 청소년 문제에 대해 당사자인 어떤 생각을 갖고 있는지 귀를 기울이고, 어떤 형태의 장에서 어떻게 이야기해나갈 수 있는지 함께 고민해야 할 때이다.

'17세'들이여, 부디 타고난 그 모습 그대로 행복하기를 ….

**홍서현** 예비교사

# 섹스하는 10대들,
# 그들에게 귀를 기울이면

**10대의 섹스, 유쾌한 섹슈얼리티**
유쾌한섹슈얼리티인권센터 기획, 변혜정 엮음, 동녘, 2010

이 책은 그간 당대 섹슈얼리티 문제를 가장 잘 다뤄온 동녘의 '섹슈얼리티 강의' 시리즈의 3탄이다. 『10대의 섹스, 유쾌한 섹슈얼리티』는 특히 '유쾌한섹슈얼리티인권센터'라는 낯설지만 발랄한 이름을 가진 단체에서 10대들의 성을 화두로 기획하였다. 미디어와 10대의 성, 성매매와 10대, 10대의 임신, 10대 새터민 여성의 삶 등의 10대들의 민감한 사생활의 문제가 담긴 이 책에는 각 장마다 당사자들과의 인터뷰가 풍부하게 실려 있어, 어른들끼리 하는 탁상공론이 아닌 10

대 당사자의 목소리를 들을 수 있다. 미디어를 통해 보는 소위 '요즘 애들'의 모습은 '하라는 공부는 안 하고' 범죄와 탈선을 일삼는, 마치 악마와 같은 존재들이다. 그러나 진지한 대화의 자리에서 터져 나온 그들의 목소리에는 '일탈'이나 '탈선'으로 쉽게 딱지 붙일 수 없는, 아물지 않은 상처가 있고, 생활의 전선이 있고, 열띤 로맨스가 있다.

**황폐한 학교에서 찾아낸 그들만의 숨구멍**

총 10개의 장으로 구성된 이 책에서 '진동하는 10대', '10대 여성, 외모 중심주의에 갇히다', '괄호를 풀어라' 등의 장은 영화와 TV, 그리고 스마트폰 등의 미디어에서 10대들이 성적 대상으로 구성되고 소비되는 양상을 다루고 있다.

공부만이 최고의 가치로 여겨지고, 획일적인 '학생다움'에서 벗어나는 것을 바로 일탈로 간주하는 '황폐한 안전주의'가 지배하는 학교 사회에서 외모로 개성을 실현하는 것은 10대들 나름대로 찾아낸 숨통이자 출구이다. 책 속에 다루어진 인터뷰에서 '외모 말고 개성을 살릴 수 있는 방법은 뭐가 있을까?'라는 질문에 '공부밖에 없잖아요. 너무 싫어요.'라고 대답하는 학생의 모습은 10대들의 삶에서 유일한 공식적 공간인 학교를 우리가 얼마나 황폐하게 만들었는지, 그러고는 10대들에게 외모지상주의라고 훈계나 하며 그들을 소외시키고 있었는지를 돌아보게 한다. 한편으로는 선생님들이, 그리고 부모들이 예쁜 아이에게 더 큰 관심과 애정을 표하고 10대들의 몸매와 얼굴을 관리해왔으면서 말이다.

저자들은 위와 같은 상황에서 10대 아이돌의 화려한 모습을 섹시 아이콘으로 내세우는 TV와 각종 미디어, 그리고 자신의 모습을 연출하여 사회적 공간에 게시할 수 있는 지금의 각종 디지털 기기가 결합하여 외모를 가꾸고 전시하는 일이 10대들의 중요한 놀이 문화로 자리 잡을 수밖에 없음을 지적한다.

### 이분법을 넘어서 그들의 자발성으로부터

'티켓다방은 10대 여성의 일터? 놀이터?', '10대 성매매, 자발적인가?' 등의 장에서는 성매매 시장을 일터 삼는 10대들의 이야기를 다루고 있다. 10대의 성매매는 분명히 위법이지만 티켓다방을 비롯한 각종 유사 성매매 업소는 현실에서 엄연히 10대들의 일터(이자 놀이터)이며, 원조교제 이야기도 어제 오늘의 일은 아니다. 어른들은 이 아이들을 손가락질하곤 하지만 이 장을 읽고 나면 이들의 이야기를 단순한 선과 악, 위법과 합법의 이분법으로 바라볼 수는 없다는 것을 알게 된다.

필자들은 10대들이 "학생이라는 정체성 외에 상상할 수 있는 대안적 정체성이 없다"고 진단한다. 그래서 대부분의 10대들은 불확실한 학력 자본에 미래를 걸고 학생다움을 강요받으면서 살아간다. 인터뷰이로 등장한 '경아'의, "반에서 10등까지는 정규직이 가능한 인생이라고 생각하지만 나머지는 짜잘한 인생이라고 생각한다"는 말은 매우 정확한 현실 인식이다. 학교생활이 자신에게 사실은 의미가 없다는 것을 간파한 저소득층 10대 여성들은 학생이라는 정체성을 버림과 동시에 갈 곳을 잃는다. 학교를 떠나면서 집도 함께 떠나게 되기 일쑤인 이들은 숙식을 동시에 해결할 수 있는 다방일을 구하면서 성매매 여성의 길로 들어서게 된다.

인터뷰 대상으로 등장하고 있는 10대들은 자신의 일을 부끄럽게 생각하기도 하고, 즐기기도 하고, 또 한편으로는 생활을 유지하기 위해 어쩔 수 없이 하는 일이라고 생각하기도 하지만 중요한 것은 이들이 기본적으로 '생활인'이라는 점이다. 이들은 어른들에 의해 강요된 학생으로서의 삶이 아닌, 자신의 배경과 조건을 파악하고 역동적으로 삶을 구성해나가는 와중에 있다. 필자는 10대들의 성매매가 자발적인가, 그렇지 않은가로 선악을 구분할 것이 아니라 그들의 "자발성을 스스로 자신의 삶을 새롭게 만들 수 있는 변화의 가능성으로 읽음으로써 이분법의 논리를 벗어나는 것이 필요하다"고 말한다.

## 황폐한 교육이 만들어낸 10대들의 삶에 귀를 기울일 때

베스트셀러로 많이 읽혔던 『88만원 세대』가 20대 젊은이들이 어떻게 사회로부터 젊음을, 소중한 삶의 시간을 착취당하고 있는지 보여주었다면, 이 책은 소비 능력을 가진 기성세대들이 약자인 10대들의 성을 어떻게 소비하고 있는지를 보여준다. 지금의 성교육을 요약하자면 한 마디로 '섹스 금지'다. 요즘은 조금 달라져 주체적으로 선택하게 한다지만 주체적으로 금욕을 선택할 것을 강요하는 것에 불과하다. 그러고는 어른들은 미디어와 각종 통로로 10대들의 성을 소비하고 있다.

그러나 10대들 자신은, 어려운 조건 아래서나마 어찌됐든 최선을 다해 삶을 꾸려나가는 중이다. '10대의 로맨스' 장에 등장한 많은 10대 엄마들은 아기의 아빠와 함께 아기를 기를 것을 진지하게 고민한다. 성매매를 경험한 10대들은 적절한 지지와 지원을 받으면서 다른 주체적 일자리를 찾아 새롭게 자신을 계발하고자 노력한다. 그들은 연극 워크숍에서 누구보다도 열정적으로 연극을 꾸미며 자신을, 그리고 친구들을 치유하는 치유자로 우뚝 선다.

10대의 삶은 총천연색인데 어른들은 천사나 악마, 두 가지 중 하나로 이름 붙이고 싶어 한다. 단지 그게 편해서다. 그리고 '악마'들에 대해서는 대화도, 교육도 포기하는 것, 이것이 지금의 어른들이 10대와 소통하는 거친 방식이다. 그러나 귀를 기울이면 10대들의 입체적이고 역동적인 삶이 보인다. 이제는 얄팍한 훈계일랑 내려놓고 그들의 이야기에 귀를 기울일 때다.

**우완** 서울이화여자고등학교 교사

# 누구나 쓸 수 있는 글,
# 누구도 쓰지 못한 글

**날고 싶지만**
고등학생 48명 지음, 한국글쓰기연구회 엮음, 보리, 2001

## 청춘의 가슴이 설렌다고?

"청춘! 듣기만 하여도 가슴이 설레는 말이다." 열일곱 아이들에 대한 글을 써달라는 요청을 받았을 때 반사적으로 떠오른 말이다. 열일곱 이란 나이, 이제 막 청춘에 풍덩 빠지기 시작한 나이가 아닌가. 하지 만 이런 반응은 매우 도식적이라고 생각하는 사람이 많을 것이다. 고 민이 된다. 이 글을 이렇게 심심하게 시작해도 되는 것일까. 옆에서 내 가 쓰는 글을 지켜보고 있던 20대 청춘인 딸아이가 걱정스레 한마디 한다. "엄마, 정말 그렇게 시작할 거야? 촌스럽게." 그래도 나는 그 말

을 놓치기가 싫다. 우리나라에서 고등교육을 받은 사람이라면, 청춘
은 가슴 설레는 것이어야 한다. 하지만 20대 청춘이 옆에 앉아 반론
한다. "청춘이 설레? 나는 10대에도 불안했고, 20대에도 불안해."

나의 10대를 생각해본다. 학교 가고 시험 보기의 연속이었던 생활,
그래 나도 불안했다. 그래도 그때를 생각하면 아무 것도 아니지만 모
든 것이 될 수 있는 가능성의 시기였던 것 같다. 청춘을 지나친 어른
들은 그 가능성에 질투와 회한의 눈길을 보냈으리라. 그 눈길 가는
마지막쯤에 점잖게 외쳤으리라. "청춘! 듣기만 하여도 가슴이 설레는
말이다." 결국 설레는 주체는 청춘들이 아니라, 청춘이 부러운 나이
의 사람들이다. 그래서 청춘들에게 주문이 많다. 즐겨라, 아껴라, 노
력해라, 알아라, 찾아라, 놀아라… 이렇게 살아야 참된 청춘인 것처
럼 말한다. 청춘들에겐 물어보지도 않고.

## 열일곱 가슴엔 두 세계가 공존한다

그런 의미에서 고등학생 아이들이 쓴 두 권의 책 『날고 싶지만』과 『내

**내일도 담임은 울 뻴이다**
류연우 외 77인 지음, 휴머니스트, 2012

일도 담임은 울 뻘이다』은 소중하다. 열일곱 아이들이 거친 목소리로 외친다. 우리는 이렇게 생각하고 행동한다고. 이 책을 읽고 있으면 아이들이 낯설게 느껴진다. 우리가 머릿속으로 알고 있던 열일곱과는 다르다. 하지만 이 목소리에서 날 것의 열일곱을 본다.

그들에겐 두 세계가 공존한다. 어른들의 인정을 받고 싶은 욕구와 그것을 거부하고 싶은 욕구가 함께 산다. 그러다 보니 어느 부분은 여리고 어느 부분은 거칠다. 어느 부분은 미숙하고 어느 부분은 의젓하다. 글에서도 그런 것이 고스란히 드러난다. 기특했다가 기가 차다가 한다. 열일곱이 느끼는 사소한 답답함 하나를 시로 읽어 보자.


　짧은 치마를 입는 것도
　짙은 화장을 하는 것도
　옷을 펑펑 사는 것도
　친구들과 밤늦게 노는 것도
　내 맘대로 할 수가 없다.
　내 마음은 벌써 어른인데
　어른들은 우리 맘을 모른다.
　아직 어린 열일곱 살이기 때문에
　그저 아직 어리기 때문에
　— 송유정, 「때문에」 중에서 (『내일도 담임은 울 뻘이다』 18쪽)


본인 힘으로 풀 수 없는 답답함도 있다. 집안이 점점 어려워지면서 글을 쓰는 그 시간조차 죄스러워하는 한 학생의 글 일부다. 좀 더 철이 들었으면 싶은 아이도, 어깨에 짊어진 무거운 짐을 덜어내주고 싶은 아이도, 열일곱 우리 아이들이다.

어떨 때는 어린 시절의 나를 저주한 적도 있었다. 목숨이 질긴 나를 때린 적도 있었다. 늘 이렇게 깨닫고 또 다시 어리석은 행동만 하는 나를, 내 뺨을 내 손으로 때려가며 운 적도 있었다.
— 김은혜,「내 고민」중에서 (『날고 싶지만』 69쪽)

## 정직한 글이 내뿜는 치유의 힘

『날고 싶지만』은 1990년대 후반에 쓴 글들을 모아 2001년에 출간된 산문집이다. 주로 상업고등학교 학생들이 쓴 글이다. 이 책 머리말에서는 1980년대의 활기찬 교실을 추억하면서 10년 만에 무너진 학교 현실을 안타까워하는 대목이 나온다. 바닷속처럼 가라앉은 수업 분위기에 엄두가 안 날 때쯤 선생님을 다시 일으킨 건 아이들의 진솔한 글이었다고 한다. 현실은 어처구니없을 만큼 거칠고, 아이들은 고스란히 상처받고 있었다. 글에는 그 상처가 정직하게 드러났다.

『내일도 담임은 올 삥이다』는 2011년에 출간되고 2012년에 개정판이 나왔다. 이 책은 아예 '공고학생들이 쓴 시'라는 제목을 표지에 달고 있다. 수업 의욕도, 수업 준비도 없는 학생들을 데리고 어떻게든 수업을 진행해야만 했던 세 선생님의 절실함이 고해성사처럼 적혀 있다. 가장 짧은 글인 '시'를 주고, 가장 쉬운 쓰기 방법인 '모방시 쓰기'를 시작했을 때의 숨막힘이 고해성사에 잘 담겨 있다. 다행히 학생들은 조금씩 의욕을 보이고, 조금씩 자신을 보여주었다. 그렇게 드러난 아이들 생활은 외롭고 기막히다. 선생님은 다시 눈 뜨고 아이들을 보게 되었다. 눈물이 난다.

이 책들은 '누구나 이 정도는 쓸 수 있는 글' 수준이다. 글의 구성은 약하고, 문장은 세련되지 않다. 하지만 그 글을 쓰기 위해 아이들이 얼마나 많은 고민을 했을지 짐작할 수 있다. 남들에게 이런 이야기를 털어놓아도 될까 하며, 한 문장 한 문장 스스로를 다독이는 아이들의 모습이 보인다. 정직한 글이 내뿜는 치유의 힘을, 글을 쓴 아이들뿐 아니라 글을 읽는 독자들도 가득히 느낄 수 있다.

두 책은 10년 차이를 두고 나왔다. 그 사이 고등학생이 직접 쓴 문집의 출판은 거의 찾아볼 수가 없다. '이 정도의 글'을 아무도 쓰지 못한다. 문학적 감수성이 가장 충만한 열일곱에 글을 쓸 여유가 아이들에겐 없다. 자기를 돌아볼 용기도 없다. 좀 비약해서 말하자면, 이런 책이 나온 것이 상고나 공고여서 가능했는지도 모른다. 국어 시간에 한 편의 시 쓰기. 과연 지금 같은 입시 상황에서 이루어질 수 있을까. 그것이 가능해야 아이들이 자신과 남을 해치지 않을 텐데. 이 책을 보면서 다시 아이들을 생각한다. "열일곱! 이는 듣기만 하여도 가슴이 답답해지는 말이다." 슬프다.

**김혜원** 경민대학교 강사

# 열일곱,
## 너를
## **응원한다**

# 열일곱, 너만 그런 게 아니야

**심리학, 열일곱 살을 부탁해**
이정현 지음, 걷는나무, 2010

## 한송이의 눈물 한 방울

항상 밝게 웃으며 인사하는 한송이의 인사를 받으면 기분까지 상쾌해진다. 선생님들에게 칭찬받는 모범생이면서 친구들에게도 믿음을 주는 반장이지만, 그 아이에게도 떠올리기 싫은 상처가 있다. 한송이가 읽을 만한 책을 추천해달라기에 몇 권의 책을 빌려 주다가 『심리학, 열일곱 살을 부탁해』를 권했다. 희진이와 셋이서 책 이야기를 하다가 한송이는 눈가를 적신다. 중학교 때 친구 문제로 전학까지 했고 그렇게 멀어진 친구들 중 한 명을 고등학교에서 다시 만났다고 한다. 이 책에서 중학교 때 왕따를 당해 전학을 갔던 '수정이'와 비슷한 상황에서 도망쳤던 기억을 떠올리면 지금도 가슴이 먹먹해진다고 한다. 타인과 자신을 끊임없이 비교한다는 희진이도 똑똑하고 공부 잘하는 모범생이지만 가슴에는 친구들에 대한 질투와 열등감이 숨어 있다고 한다. 그래서인지 이 책에서 남과 비교하는 대신 자신의 현재 모습과 미래를 비교하라는 조언이 기억에 남는다고 했다.

어른들은 수많은 고민과 불안으로 가득했던 그 시절을 금세 잊은 것일까. 지나간 모든 것은 '추억'이라는 이름으로 아름답게 포장되지만 그것이 '현실'인 아이들에게 열일곱은 절대 아름답지 않다. 기성세대인 부모와 교사들은 자신의 과거와 현재의 아이들을 비교한다. 지금은 물질적으로 부족한 것이 없고 민주주의가 자리 잡았다고 생각하는 어른들에게 아이들의 고민은 투정처럼 비칠 수도 있다. 하지만 청소년기에 겪는 심리적 변화에는 시대 상황과 무관하게 생물학적 원인도 있다. 신체적 발육은 끝났지만, 정신적으로는 미성숙해서 심리적 불안이 극대화되는 시기가 열일곱이다. 그래서 열일곱을 이해하기 위해서는 그들의 관점에서 심리적 특성을 고려해야 한다. 그리고 개개인의 개별적 특성 및 상황뿐만 아니라 열일곱이 처한 사회문화적 맥락을 살펴봐야 한다.

## 왜 열일곱인가

열여섯도 아니고 열여덟도 아니고 왜 열일곱인가. 이 질문에 대한 답은 발달 단계와 더불어 학교 급별 차이에서 생각해보아야 한다. 중학교를 졸업하고 고등학교에 입학하는 나이가 열일곱이다. 어린아이도 아니고 완전한 성인으로 대접받지도 못하는 애매한 나이 열일곱. 사춘기를 지나 본격적으로 대학 진학을 준비하거나 사회로 나가기 위한 준비를 해야 하는 나이다. 그래서 열일곱이 되면 아이들은 현실적인 문제를 고민하게 되고 어른들은 미래를 준비하라고 압박한다.

이 시점에서 우리는 본격적으로 사회 진출을 준비하는 청소년들에게 진정 요구해야 할 것이 무엇이어야 하는지 고민해야 한다. 그것은 바로 우리 사회에 대한 통찰력과 비판적 안목이며 스스로에 대한 자존감이다. 청소년들은 우리 사회에 대한 올바른 인식, 전공과 직업에 대한 고민 그리고 미래 사회에서 자신의 모습 등을 구체적이고 진지하게 생각할 필요가 있다. 할 수 있다는 자신감은 타인과의 경쟁이나 비교가 아니라 자존감에서 비롯된다. '열일곱'에게 우리가 관심을 가져야 하는 이유가 바로 여기에 있는 것이다.

이 책에는 대한민국 10대들의 아픔과 상처, 불안과 고통을 덜어주기 위한 저자의 노력이 곳곳에 배어 있다. 정신과 전문의로 10대들이 겪는 다양한 문제를 직접 경험한 저자의 분석은 지극히 현실적인 문제를 다루고 있어 공감이 간다.

먼저 '왜 난 꿈이 없는 걸까?'라는 질문으로 열일곱의 첫 번째 고민을 풀어내는 점이 눈길을 끈다. 사실, 열일곱의 가장 큰 문제는 '꿈'이 없다는 것이다. 아이들의 가장 큰 고민은 미래에 대한 불안과 공부에 대한 고민이 아니라 바로 하고 싶은 일이 없다는 데 있다. 그 나이에 꿈이 없다는 게 언뜻 이해하기 어렵지만 대부분의 아이들은 어떤 미래를 꿈꿔야 하는지 배운 적도 없고 경험한 적도 없다. 그저 몇 권의 책을 통해서 혹은 어른들의 이야기를 통해서 막연하게 생각해보는 것이 전부다. 어른들은 공부만 잘하면 뭐든 하고 싶은 걸 할 수 있다고 설득하지만 아이들은 공부를 잘해서 어떻게 살아야 하는지 깊이 고민하지 않는다.

이 책에서는 '왜 난 공부가 싫은 걸까?' '왜 부모님은 내 맘을 몰라주는 걸까?' '지금 내겐 친구가 필요해' 처럼 평범한 열일곱이 겪는 고민들도 다룬다. 대한민국의 열일곱은 그만큼 비슷한 목표, 부모와의 갈등, 친구에 대한 고민을 가지고 있다는 것이다. 하지만 현실도 그럴까? 부모의 사회경제적 지위만큼 아이들의 아픔과 고통도 다양하며 본질적인 문제의 원인도 제각각이다. 저자는 대한민국의 열일곱 살을 "인정받기 위해서는 공부밖에 답이 없으며, 성적을 올리기 위해서라면 친구도 밟고 일어서야 하며, 숨 돌릴 틈도 없이 바쁜 일상을 보내는 아이들"이라고 설명하고 있다. 하지만 학교 밖의 아이들, 공부보다 절실한 생계와 가족 해체 등 심각한 문제들에 대한 이야기가 없다는 점은 조금 아쉽다.

## 열일곱의 웃음 그리고 우리의 행복

이 책에서 말하는 심리학의 역할은 열일곱에게 '이유'를 설명하는 것이다. 저자는 열일곱 스스로는 알 수 없는 그들의 마음을 읽어낸다. 수많은 상담 과정에서 드러난 사례는 단순히 상처 입은 몇몇 영혼들의 이야기가 아니라 대부분의 열일곱이 겪는 문제라고 해도 과언이 아니다. 넘쳐나는 자기계발서와 청소년을 위한 책들 속에서 조금 더 실제적이고 그나마 현실적인 고민들을 이야기하는 이 책이 설득력을 얻고 있는 이유가 바로 이것이다. 열일곱의 마음은 하루에도 몇 번씩 변화무쌍하게 달라진다. 그 변화에 따라 극단적인 선택을 하기도 하고 들뜬 열병을 앓기도 한다.

　한 가지 아쉬운 건 저자의 충고와 조언에 현실적인 대안과 전망이 부족하다는 점이다. 정신과 전문의가 환자 혹은 상담자를 치료하는 방법과 근본적인 대책에는 거리가 있을 수밖에 없다. 다양한 경험이 부족하고 도전 기회가 제한된 아이들이 자신의 소질과 적성을 찾지 못하는 것은 당연한 일이다. 교육제도를 개선하거나 현실적인 문제들을 풀어나갈 수 있는 근본적인 대책을 고민하는 것은 우리에게 남겨진 과제이다. 열일곱이 웃을 수 있어야 우리 사회도 건강하고 행복해진다는 사실을 기억할 필요가 있다.

**류대성** 용인흥덕고등학교 국어교사

# 모든 순간이 꽃봉오리인 것을

**십대답게 살아라**
문지현 지음, 뜨인돌, 2008

십대는 눈부시다. 간밤에 내린 빗줄기에 연둣빛 새 잎을 싱그럽게 틔우는 나무들처럼···. 그리고 오랜 역사의 현장에서 십대의 저력은 넘친다. 그런데 왜 우리의 일상에서 만나는 십대들은 그토록 무기력한 걸까?

이 책은 오랫동안 청소년 상담을 해온 정신과 전문의가 쓴 심리상담 자기계발서이다. 온갖 고민에 휩싸인 십대가 겪는 여러 가지 문제 행동과 심리를 어루만져주는 심리치유서이다. 저자는 십대들이 의욕과 열정을 갖지 못하는 근본적인 이유를 그들의 내면에서 찾는다. 내면의 문제를 해결하지 않고서 아이들의 꿈과 미래를 강조하는 것은 소용없는 일이라고 말한다.

## 내 삶의 바이러스 퇴치법

저자는 컴퓨터 바이러스처럼 사람에게도 힘과 열정, 에너지를 축내서 정상적인 기능을 하지 못하도록 하는 다양한 문제 상황들이 있는데 이것들이 인생의 '바이러스'라고 말한다.

낮은 자존감, 책임 탓하기, 게으름, 상처와 한恨, 분노 억압, 혼자 노는 아웃사이더, 분주함, 염려, 의무감, 완벽주의, 편견, 메마른 감성, 의존, 투덜거림 등 14개 바이러스에 대해 십대들이 쉽게 공감할 수 있는 짧은 예화를 들어 하나씩 소개한다. 바이러스에 걸린 십대들이 어떤 행동을 보이는지, 인생에 어떤 영향을 미치는지를 보여주고, 실제로 상담하는 듯한 편안한 문체로 십대와의 소통을 시도한다. 그런 다음 '이렇게 해 보아요'를 통해 직접 실천할 수 있는 구체적인 해결책을 명쾌하게 제시한다. 이런 과정을 통해 "애늙은이 십대에서 저력 있는 십대"로 변화를 이끌어낸다.

또한 이 책은 중학생 정도의 눈높이에서도 접근할 수 있는 간결한 분량과 쉬운 설명, 시원스런 편집, 일러스트를 곁들인 단상으로 각 장을 마무리 하는 등 일반적인 자기계발서들이 주는 답답함이 없다. 더구나 정신과 전문의인 저자가 오랜 임상 과정에서 터득한 실제 경험들이 고스란히 녹아 있어 친근감을 느끼고 책읽기에 훨씬 가까이 다가서게 한다.

## 마음을 보듬어줄 때 아이들은 스스로 자란다

이 책은 또한 십대를 둔 부모와 그들을 가르치는 교사들에게도 도움이 되는 책이다. 어른들은 십대들의 미래와 진로는 고민하지만, 그들이 겪는 현재의 아픔과 고통, 상처에 대해서는 정작 관심을 갖지 않는 경우가 많다. 그래서 대화는 단절되고 소통은 불가능해진다. 부모와 교사들은 아이들보다 먼저 이 책을 펼쳐보고 그들의 고민과 상처를 들여다보아야 한다. 그동안 알면서도 외면하진 않았는지, 정말 몰라서 화내고 짜증내진 않았는지 깊이 성찰해보아야 한다. 성급한 해결책을 제시하는 것보다 그저 마음을 읽어주는 것이 더 큰 힘을 발휘하기도 하니까 말이다. 누군가 자신을 지켜보는 따듯한 이해의 눈길을 느낄 때 아이들은 스스로 자란다.

어른들도 인간으로서 누구나 자신도 모르는 문제 한 가지씩은 가지고 있다. 더러는 그것을 인정하지 않는 사람도 있고 스스로 단점으로 여겨 고민도 하지만 있는 그대로의 현실을 인정하는 데서 변화는 시작되고 새롭게 출발할 수 있다. 일상이 늘 바쁜 현대인들에게 저자는 정곡을 찌르는 말을 한다.

분주함의 원인은 크게 '쉼이 부족한 것'과 '목표가 없는 것'이 두 가지로 나눌 수 있어요. (98쪽)


목적 없는 바쁨, 덜 중요한 일에 매달리는 바쁨 역시 게으름이라는 사실… (46쪽)

나는 십대의 내면에 있는 바이러스 퇴치를 넘어, 보다 본질적인 문제를 생각해본다. 어쩌다가 대한민국의 십대들에게는 가장 아름다운 시절이 가장 고통스런 시간이 된 걸까?

2011년 통계청 발표에 따르면 중고생 10명 중, 7명이 스트레스를 받고 있다고 했다. 2년 전에 비해 13%가 증가한 수치이며, 그 원인이 부모와의 갈등(16.2%), 외모(9.9%), 교우 관계(7.6%), 가정 형편(4.6%), 교사와의 갈등(2.0%) 등이 지적됐지만 1위는 성적, 진로, 부담 등의 공부(57.6%)였다. 그리고 대한민국 청소년 사망 원인 1위가 자살이며, 그 수가 증가하고 있는 현실은 우리 아이들이 얼마나 스트레스에 억눌려 있는지를 극명하게 보여준다. 이 같은 청소년 자살률은 이미 경제협력개발기구(OECD) 평균을 넘어섰다(2012년 4월 29일 〈연합뉴스〉 사설).

청소년들은 어른들이 규정한 제도와 체제에서 교육을 받고 관계를 맺으며 생활한다. 청소년들은 스트레스에 몰려 더는 희망을 찾을 수 없을 때, 더 이상 물러설 곳이 없을 때 성장과 삶 대신에 자살을 선택한다. 특히 학교 폭력, 성적으로 줄 세우기 등 극단의 선택과 마주하는 절망을 사회가 안겨준 것일 때 자살은 '사회적 타살'이 된다.

## 모든 순간이 꽃봉오리인 것을

십대에게 어른을 요구하지 말자. 십대는 십대답게 살아야 한다. 그러기 위해서는 우리 아이들이 십대답게 살 수 있는 상황을 만들어줘야 한다. 미래는 주어지는 것이 아니라 만들어가는 것이라고 했다. 성적으로 줄 세우는 경쟁 위주의 교육과 사회 구조에 대한 진지한 성찰이 이루어져야 할 때이다. 그리하여 십대는 충분히 존귀하고 소중하며 축복받은 존재라는 것을 느끼도록 해주어야 한다.

이 책을 덮고 나니 중학교 2학년 국어교과서에 소개된 시 한 편이 떠오른다.

나는 가끔 후회한다
그때 그 일이
노다지였을지도 모르는데……
그때 그 사람이
그때 그 물건이
노다지였을지도 모르는데……

더 열심히 파고들고
더 열심히 말을 걸고
더 열심히 귀 기울이고
더 열심히 사랑할 걸……

반벙어리처럼
귀머거리처럼
보내지는 않았는가
우두커니처럼……
더 열심히 그 순간을
사랑할 것을……

모든 순간이 다아
꽃봉오리인 것을,
내 열심에 따라 피어날
꽃봉오리인 것을!
— 정현종, 「모든 순간이 꽃봉오리인 것을」

이 시를 아이들과 함께 읽으며 "언제 가장 행복한가?"를 질문했던가. 언제나 지금이 가장 좋은 것이라고, 슬픈 현재나 기쁜 현재나 삶이란 매 순간 완성되는 것이라고… 그리고 가수 김창완의 노래를 함께 따라 불렀다.

일곱 살은 일곱 살을 살고, 예순둘은 예순둘을 살고, 열일곱은 열일곱을 살지~~

**한명숙** 남춘천중학교 교사

# 세상에 존재하는 또 다른
# 현진이들에게

**네 멋대로 해라**
김현진 지음, 한겨레출판, 1999

## 정답 없는 세상에서 길을 찾는 청소년들에게

컨베이어벨트의 부품처럼 정해진 대로 가면 평균치의 인생은 보장되었던 7,80년대와 달리 21세기를 사는 십대의 삶은 모호하다. 안개 자욱한 인생길에서 평탄한 길을 버리고 소신껏 개척해나간, 지금은 삼십대 초반이 된 김현진이 열아홉 살이던 1999년에 출판한 책을 소개한다.

이 책은 고등학교에 입학한 지 한 학기도 지나지 않아 자퇴한 저자가 한국예술종합학교 영상원에 입학하기까지, 사회를 학교 삼아 언은 경험을 담았다. 김현진은 자퇴를 결심하기까지 학교가 강요하는 가치관과 불화를 일으켰고, 학교를 그만두면서는 부모님과 갈등도 겪지만 자퇴 후 청소년을 위한 웹진 〈네가진negazine〉의 편집장으로 참여하면서 여러 가지 세상의 법칙들을 알게 된다. 또 학생이 아닌 청소년이라는 자격으로 문화관광부 내 청소년위원회 부위원장 일을 하면서 관의 속성도 알게 된다. 그렇지만 일 년 반 동안 아무데도 소속되지 않은 상태로 보내는 괴로움도 솔직하게 털어놓는다.

  김현진이 고등학교에 입학하던 1997년과 2012년 사이에는 15년이라는 세월이 놓여 있지만 여전히 청소년들이 이 책을 읽는다고 한다. 학교를 둘러싼 물리적 환경은 변했어도 학교와 교육에 대한 사람들의 생각은 그대로고 기성세대의 가치관에 억압당한다고 느끼는 아이들이 많다는 반증이 아닐까. 이제 더 이상 겨울에 조개탄 난로를 때고 여름에는 선풍기 두 대로 버티는 교실은 없지만, 학교의 환경은 여전히 시대에 뒤떨어진다. 아직도 두발 검사를 피해 꼭두새벽에 등교하는 아이들이 있다고 하니 복장 검사는 여전한 모양이고 인생의 최고 목표가 대학 입학이라는 명제의 무게는 갈수록 더하다. 그래서 어떤 일도 심상하게 넘기는 법이 없이 관찰하고 표현하고 행동하는 김현진에게서 요즘 고등학생이 카타르시스를 느끼고 그녀가 걸어간 길에서 자기들의 미래를 찾아보려는 것이 아닐까 짐작해본다.

## 꿈을 찾은 아이들에게

김현진의 꿈은 영화 만드는 것이었다. 학교와는 불화했으나 학교 안팎에 그의 꿈을 지지하고 넓은 세상을 보여주는 인생의 선생님이 있었다. 그녀는 자기 꿈이 확실했기에 스스로 주위에서 조언을 구하고 또 바로 취할 줄 알았다. 목표를 정하고 영상원이라는 구체적인 길도 찾았다. 하지만 학교를 그만 두고 혼자 공부하고 생활하면서 무적자라는 자괴감과 미래에 대한 두려움으로 방황도 하고 자기 관리를 하지 못해 문제도 겪는다. 또 잃어버린 학교생활에 대한 그리움과 외로움에 친구들 이름을 부르며 눈물을 흘린 순간도 있었다고 고백한다. 아픔을 겪은 만큼 자라기는 했지만 가장 예민하고 친구가 소중한 때인 열일곱, 열여덟을 철저하게 혼자 보낸 탓에 성격이 삐뚤어졌다고까지 말한다. 시간이 지나면서 그 또한 치유되었겠지만 그만큼 홀로 가는 길이 쉽지 않았던 것이다.

**아직 꿈을 찾지 못했다면**

내 아이를 키운 경험이 없거나 아직 어리다면 나도 '성적'보다는 '행복'이 중요하고 '성적'과 '행복'은 전혀 관계없으므로 사회의 기준에 신경 쓰기보다 내면의 목소리에 귀 기울이라고 자신 있게 말할 수 있을 것이다. 그러나 아이 둘을 대학과 군대에 보내면서 인간이 제 자식 앞에서 얼마나 보수적이고 이중적으로 되는지 절절하게 경험했다. 아이들이 고3이 되자 성적보다는 좋은 품성을 지닌 독립적인 사람으로 키우겠다던 바람은 한순간에 마음에서 사라지고 나중에 어떤 일을 하던 일단 좋은 대학에 가주기를 간절히 바라는 내가 있었다. 모든 것을 아이들에게 다 주고 나에게는 껍데기만 남아도 좋으니 아이들의 인생에 큰 탈 없기를 바라는 엄마의 맹목적인 마음은 겪어본 사람들은 이해하리라. '좋은 대학'이 '행복'의 충분조건은 아니지만 최소한의 필요조건은 된다고 믿었다. 돌이켜 보면 그때 나는 '안락함'을 '행복'이라 여겼던 것 같지만 이 두 가지 조건도 완전히 무관하다고는 못 하겠다. 속물이라 해도 어쩔 수 없다.

"꿈을 정하기도 전에 세상에 그냥 묻어가려고 하지 마라"는 어떤 이의 말이 천 번 만 번 바람직하지만, 자신의 꿈을 알지 못하는 청소년에게는 세상에 그냥 묻어서라도 갈 수 있게 현재에 충실하라고 말하고 싶다. 이제 공부에는 때가 있다는 말은 유효하지 않은 세상이 되었지만 인생의 토대를 닦기에 청소년기만큼 효과적인 시기도 없을 테니까. 그러나 그것이 반드시 학교교육이어야 하는지에 대한 정답은 없다. 김현진은 마지막 장인 '자퇴에 관한 몇 가지 충고'에서 조심스럽게 충고한다. 냉정하게 자신의 마음속을 깊이 들여다보고 자퇴를 선택하는 이유를 자신에게 설명할 수 있는지, 자신을 정말 잘 다스릴 수 있다고 확신하는지 바라보고 그렇지 않다면 학교가 필요악임을 인정하고 웬만하면 남아 있는 것이 좋다고 한다. 세월이 변한 만큼 지금은 대안학교나 유학도 고려 대상이 될 수 있겠다. 그리고 어떤 결심을 하든 타인의 시선에 신경 쓰지 말고 밀어붙이라고 조언한다.

## 네 뜻대로 해라

『너 행복하니?』(김종휘 지음. 샨티, 2004)는 하고 싶은 일을 하며 살아서 지금 행복하다는 열여덟 살부터 스물네 살까지의 청소년 스물다섯 명과의 인터뷰를 정리한 책이다. 이들의 공통점 20가지를 인용한다. (223~224쪽)

1. 자원봉사를 한다.

2. 어른 후원자가 있다.

3. 외국인 친구가 있다.

4. 인터넷 글쓰기를 한다.

5. 핵심 또래 그룹이 있다.

6. 스승을 구하러 다닌다.

7. 사회 운동에 참여한다.

8. 폭넓게 책을 읽는다.

9. 취미 활동이 있다.

10. 몰입을 잘한다.

11. 정보를 구하는 방법을 안다.

12. 권리 찾기에 적극적이다.

13. 조직하기를 즐긴다.

14. 대안 교육에 관심이 많다.

15. 양성 평등에 익숙하다.

16. 아르바이트는 당연하다.

17. 부모와 거리를 둔다.

19. 어울리기 좋아한다.

20. 위기를 기회로 삼는다.

인생은 결정과 실행의 연속이다. 나이가 들수록 결정이 끼치는 영향은 범위가 커진다. 인생의 중요한 첫 결정을 내리는 시점이 고등학교 시절이다. 결정을 내리는 것도 공부이니 스스로 해보도록 하는 게 필요하다. 그런 의미에서 자기가 내린 결정에 책임지고 최선을 다한 김현진은 제 멋대로가 아니라 제 뜻대로 한 것이다. 이 세상에 존재하는 또 다른 현진이들에게 응원을 보낸다. 아자!

**강은슬** 대구가톨릭대학교 도서관학과 강사

# 대한민국에서 열일곱 살로
# 산다는 것

**열일곱 살의 인생론**
안광복 지음, 사계절, 2010

**열일곱 살에도 인생론이란 걸 가질 수 있는 것일까?**

'풍요 속의 빈곤'이란 말처럼 멘토에 대한 양적 관심의 증가에 비해
질적 부족을 나타내는 적절한 표현은 없을 것이다. 자본주의 사회에
서는 모든 것이 상품이 되어 소비자를 유혹한다. 자신을 멘토로 삼으
라고, 자신이 멘토가 되어주겠노라고 손짓하는 수많은 상품들이 있
지만 좋은 멘토-멘티 관계는 찾아보기 어려운 것 같다. 나는 멘토가
찾아다니며 멘티를 구하기보다는, 멘토가 필요한 사람이 스스로 멘
토를 찾아 관계를 맺는 것이 더욱 바람직하다고 생각한다. 여기 멘토

가 필요한 열일곱 살에게 멘토가 되어줄 수 있는 책이 있다.

『열일곱 살의 인생론』은 열일곱 살에 품어봄 직한 철학적 물음을 다룬다. 돈, 사랑, 열등감, 놀이, 관계, 성욕, 죽음, 인생 등…. 다루고 있는 주제에 대해 의문문으로 달려 있는 부제는 마치 읽는 이의 마음을 들여다보는 듯하다. '용서 – 내 마음은 왜 분노로 가득 차 있을까?', '열등감 – 인정받아야만 행복한 삶인가?', '돈 – 부자가 되면 더 행복한가?', '적성 – 성적은 과연 능력을 보여주는가?' 이러한 질문은 그 자체로도 멘토가 될 수 있다. 질문에 답하는 과정 속에서 스스로 깨달을 수 있기 때문이다. 저자는 소크라테스처럼 청소년에게 성찰할 수 있는 질문을 던진다. 그리고 질문을 통해 청소년 스스로 답을 찾아가도록 도와준다.

**내가 꿈이라고 정한 것은 내가 원한 걸까?**

**타인이 내게 바라는 모습일까?**

꿈이란 단어는 내 입 속에서 오물거리기엔 즐겁지만 남 앞에 내놓기에는 망설여진다. 뭔가 그럴듯하고 폼이 좀 나야 꿈이란 단어와 어울릴 텐데 나의 꿈은 늘 부족한 것 같았다. 비평준화 지역에 살던 나의 중학생 때 꿈은 지역에서 제일 좋다는 고등학교 진학이었다. 이마저도 중학교 3학년이 되면서 두 번째로 좋다는 고등학교 진학으로 낮추었다. 혹시라도 고등학교에 떨어지게 되면 붙게 될 고등학교 재수생이라는 부끄러운 딱지를 감당할 자신이 없었다. 다행히도 겁쟁이가 나 하나만은 아니었던 것 같다.

나만큼이나 겁쟁이였던 이 책의 저자는 '좋은 대학에 가서 돈을 많이 벌고 예쁜 여자와 결혼해 행복하게 살자'는 여느 청소년들이 품을 법한 소박한 꿈을(?) 경멸하며 시집을 읽고 인생에 대해 생각하며 학교생활을 했다고 한다. 하지만 고상한 척은 다 하면서도 속으로는 돈이 없어서 자신의 삶이 나락으로 떨어지지는 않을까 너무나 두려웠다고 한다. 이 땅의 많은 청소년 역시 다르지 않을 것이라고 생각한다. 하지만 남들에게 뒤쳐질까 두려워하고 낙오자가 되지 않기 위해 사는 삶은 치열하긴 하겠지만 행복하기는 어렵다.

**대한민국에서 열일곱 살로 사는 것은 참 힘들다**

저자는 말한다. 하루 네 시간씩 자며 공부해서 대학에 들어가더라도 경쟁은 끝나지 않는다고…. 일자리를 얻기 위해 죽을힘을 다해 회사에 들어가더라도 삶은 나아지지 않는다고…. 하루 4시간 자기도 어려울 만큼 열심히 살았다면 재벌 회장이나 영웅쯤은 되어야 하는 것 아니냐고 묻는다. 길에서 마주치는 수많은 회사원들의 평범함은 결코 그냥 얻어지는 것이 아닌 치열한 삶의 열매라는 것에 대해 억울해한다. 그러고 나서 천상병의 시 한편을 소개한다. 끝없는 경쟁의 자갈길과 꽃향기 나는 아름다운 길을 함께 보여주고 스스로 선택할 수 있도록 안내하는 것처럼 효과적인 멘토 방법도 없는 듯하다.

오늘 아침을 다소 행복하다고 생각하는 것은

한 잔 커피와 갑 속의 두둑한 담배,

해장을 하고도 버스값이 남았다는 것

— 천상병, 「나의 가난은」 중에서

이 책의 저자는 인생의 파산을 막으려면 시기마다 반드시 치러야 할 '성장 과업'이 있다고 이야기한다. 입학, 입시, 취직, 결혼, 친구 관계, 삶의 의미를 다잡는 고민 등의 '성장 과업'을 단계별로 겪어내고 이겨내야 성숙한 인간이 된다. 넘어지는 것을 무서워한다면 자전거를 배울 수 없듯 '성장 과업'이 힘들더라도 피해갈 수는 없는 것이다.

에릭슨의 자아발달 이론에 따르면 17세 무렵은 기본 신뢰감이 형성되는 시기인 제1단계 못지않게 중요한 시기이다. 이 시기에 긍정적인 자아정체감을 확립하고 나면 이후의 단계에서 부딪치는 심리적 위기를 무난히 넘길 수 있게 되지만 반대의 경우에는 방황이 계속될 수 있다. 정체성은 내가 누구인가에 대한 인식이며, 결국 그것이 자기 인생에 대한 논의의 출발점이 되기 때문에 정체성을 찾는 것은 인생론을 만드는 것에 다름 아니다. 이런 의미에서 에릭슨이 제시한 청소년기의 발달과업과 열일곱 살의 인생론은 맞닿아 있다. 청소년기는 혼돈의 인생길에서 자기만의 길을 찾아주는 길잡이 역할을 한다.

## 인생에 모범 답안은 없다

내가 어떻게 살아야 할지 생각해 보고, 그 기본 규칙을 정해 '내 인생의 10대 규율'을 만들어 봅시다. 진정 행복해지려면 '어떻게' 살아야 할까요? 톨스토이의 단편 소설 『사람은 무엇으로 사는가』에 나오는 세 물음을 자신에게 던져 봅시다. 첫째, 내가 가장 원하는 것은 무엇인가? 둘째, 나에게 허락되지 않은 것은 무엇인가? 셋째, 나는 무엇을 위해 사는가? (109쪽)

꼭지마다 맨끝에 있는 '10분 명상'이란 코너는 저자의 질문에 대해 10분 이상 생각하는 시간을 만들어준다. 이 질문에 답하는 과정 자체가 인문학적 소양을 쌓는 길이다. 자신에 대해 알고 인간다운 삶을 찾아가는 고민 속에서, 불안하기 그지없는 '열일곱 살의 인생'들은 비로소 '성인成人'으로 성숙할 수 있을 것이다.

저자는 교사로서 아이들과 만난 십 수 년의 경험과 철학적 소양을 토대로 청소년이 가진 시기적 특수성과 환경을 잘 바라보고 있다. 누구나 겪어냈지만 모두가 이해하지는 못하는 17세의 아픔과 어려움을 자신의 경험을 담아 이야기한다.

앞만 보고 달려야 하는 경주마는 눈가리개로 눈 옆을 가려둔다. 결승선을 누구보다 빨리 통과해야하는 경주마는 앞만 보고 달려야 하겠지만 인생은 경주가 아니다. 자신이 꿈꾸는 길을 간다면 그 과정 자체로도 소중하다.

나는 책에 담겨 있는 15개의 질문들을 이 땅의 많은 청소년에게 들려주고 싶다. 서문에 밝힌 저자의 바람처럼 성장통을 넘어서는 데 도움을 주는 물음들을 통해 크고 단단한 영혼이 되기를 바란다. 앞으로 살아가는 데 도움이 되는 힘이 필요한 17세 언저리에 있는 멘티 친구들에게 이 책을 권한다.


**이인문** 서울관광고등학교 사서교사

# 우리 사회에 권하는
# 주먹 사용 설명서

**주먹을 꼭 써야 할까?**
이남석 지음, 사계절, 2011

**마음에 가시를 품은 아이들**

내일이면 우리 반 아이 한 명이 전학을 간다. 이사를 하고 주소를 옮겨서 가는 것이 아니라 학교장 추천으로 가는 전학이다. 학교장 추천이라니… 보통은 학생의 교칙 위반으로 열리는 선도위원회에서 결정되는 강제 전출이 대부분이지만 이 아이의 경우는 본인이 강력하게 원했다는 점이 다행이라면 다행일까.

올해 학교를 옮겨 2학년을 맡아 반 배정을 받았을 때 선생님들이 우리 반 명단을 보고 하나같이 고개를 절래절래 흔들던 아이. 이런저런 폭력 사건을 일으키고 자신의 비행을 인정하면서도 교사의 지도에 조금도 응하지 않는다던 아이. 어떤 행동이든 자신을 변명하면서 오히려 어른을 향해 날카로운 가시를 품고 있어 도무지 말이 통하지 않는다던 그 아이. 그 아이는 어떤 상처를 안고 있기에 독한 가시를 품게 되었을까?

어느 학교에나 한두 명은 있기 마련인 가시 돋친 아이지만 적어도 담임인 나는 학교에서만큼은 그 가시가 나오지 않게 해야겠다는 생각으로 아이를 만났다. 더불어 내가 아이의 상처를 조금이라도 위로할 수 있는 어른이었으면, 그래서 세상에는 믿을 만한 어른도 있다는 것을 아이가 알게 되었으면 좋겠다는 생각이었다.

마침 아이가 출석번호 1번이라 새 학년 첫날부터 불렀다. 아이는 왜 자기를 먼저 부르는지 잔뜩 경계했지만, 미리 받아놓은 '담임 샘께 드리는 자기소개서'를 보면서 하나하나 이야기를 풀어나가자 자신에 대한 선입견 없는 일상적인 상담이라 생각하고 안심하는 눈치였다. 초등학교 4학년 때 부모가 이혼하여 할머니, 할아버지, 아버지, 남동생과 생활하는 아이는 부모는 물론 어느 가족으로부터도 따뜻한 관심을 받지 못하고 있었다. 아니 그렇게 느끼고 있었다.

가족 해체와 주변의 무관심으로 시작된 아이의 상처는 아물 기회 없이 깊어가고 있었다. 위로 받을 곳 없으니 마음은 점점 날카로워지고, 마음 둘 곳이 없으니 공부에서 차차 멀어지고, 아는 것이 없으니 수업시간이 몹시 지루할 밖에. 아이는 교칙을 어기는 일이 잦아지면서 지적받는 횟수가 많아지자, 다른 아이들에겐 '센 척'을 하고 어른에겐 '대들기'를 무기로 삼아 공격적으로 자기방어를 했다. 나는 모든 학생들을 대하듯 '원칙을 기본으로 아이의 상황을 존중하며 받아주기'로 했다. 하지만 아이의 상황을 하나하나 살필 여유가 없었고, 아이에게 신뢰를 얻기에는 시간도 노력도 부족했다. 자신에게는 남성 호르몬이 많아서 치마가 너무 싫다는 아이는 교문에 들어서면서부터 복장 불량으로 걸렸다. 그리고 수업에 참여하라는 교사에게 독설로 대들었다. 결국 깊이 마음을 나누는 친구를 얻지 못한 아이는 내게 와서 선생들이 자기만 미워한다고 울며 호소했다.

3월 한 달 동안 소소하게 부딪히면서도 학교에 적응하려고 애쓰던 아이는 4월 들면서 지각, 조퇴, 결석이 잦아지고 공부에서 손을 완전히 놓더니 이 학교를 떠나게 해달라고 떼를 쓰기 시작했다. 선생님들이 자기를 다른 아이들과 똑같이 대하는 학교에 가서 생활하고 싶다고 했다. 아이의 마음을 바꿀 방법은 무엇이었을까? 학교는 아이에게 어떤 상처와 좌절을 준 걸까?

### 폭력을 이해해야 폭력에서 벗어난다

『주먹을 꼭 써야 할까?』의 주인공인 종훈은 일진 '짱'이다. 중학교 3학년이 되는 첫날, 비닐로 된 수영복 가방에 책도 없이 달랑 펜 두 자루 들고 학교에 나타난 종훈은 방과후 교사로 온 태껸 사범 우경에게 자랑스럽게 들고 왔던 비닐 가방을 빼앗기고 '아이들이 폭력 동영상을 인터넷에 올리는 이유'를 정리해오라는 숙제를 받는다. 이후의 내용은 종훈이 교사 우경을 멘토로 삼아 폭력에서 벗어나는 과정을 그리고 있다.

이 책은 '지식소설'이라는 이름답게 각 장의 끝에 '생각의 징검다리'를 넣어 소설에서 다 밝힐 수 없는 심리학적 원리를 설명한다. 청소년들의 인정 욕구와 폭력의 관계, 폭력에 물들게 되는 심리적 원리뿐 아니라 부모와 교사가 청소년들에게 다가가고자 할 때 필요한 것은 무엇인지 다양한 사례를 들어 알기 쉽게 설명하고 있다.

나는 학교를 떠나는 아이에게 이 책을 선물하고 싶다. 두어 달 동안 아침 독서시간이든 국어시간이든 도서관 수업시간이든 그림책도 동화책도 만화도 읽지 않던 아이였지만 이 책만은 꼭 권하고 싶다. 아이가 자신에게 있는 '인정 욕구'와 '관심 충족 욕구'를 정확하게 깨닫고, 자신의 욕구를 건강하게 만족시키는 방법을 알고 자아 성장의 밑거름으로 삼았으면 좋겠다. 또 우경 같은 어른을 만나 타인의 정서에 공감하고 관계를 맺는 법을 배워나갔으면 좋겠다.

아이의 반항적인 말과 태도 때문에 힘들어하는 부모에게도 권한다. 아이의 행동 이면에는 분명 어떤 심리가 숨어 있다. 아이의 심리를 이해하면 아이와의 관계도 훨씬 부드러워지고 문제를 해결하는 법이 멀리 있지 않음을 알게 된다.

그리고 학교 폭력이 입시 경쟁, 자아 정체성 불안, 모방 욕망의 좌절, 경쟁을 부추기는 사회 현상 등 다양하고 복합적인 원인으로 발생하는 현상임에도 불구하고 일부 학교와 교사의 문제로 호도하는 사회 분위기에 상처받고 좌절하는 교사에게 이 책을 권한다. 이 소설에 등장하는 '교사' 우경은 종훈에게 『우상의 눈물』, 『우리들의 일그러진 영웅』, 『예루살렘의 아이히만』, 『앵무새 죽이기』 등의 책을 차례로 읽게 하고 자아를 튼튼하게 하는 다양한 인문학적 이론과 참고 자료를 소개한다. 이러한 학생을 위한 '독서 치료'는 교사들에게도 위로받는 경험을 주어 새로운 '교육'에 대한 힘을 얻게 할 것이다.

## 폭력에 저항하고 폭력에서 벗어나는 길

사람은 꼭 주먹을 써야 하는 것은 아니다. 그 손으로 다른 사람과 악수를 할 수도 있다. 다른 사람의 손을 잡아 줄 수도 있고, 그를 위해 음식을 만들 수도 있고, 곡물을 키울 수도 있으며, 그가 감동을 받을 글을 쓸 수도 있고, 음악을 만들 수도 있으며, 그림을 그릴 수도 있다. 그가 자유롭게 뛸 수 있는 터를 닦아 줄 수도 있고, 편히 쉴 수 있는 집을 만들 수도 있고, 그가 불안하지 않은 환경에서 웃으며 살 수 있도록 하는 법 조항을 쓸 수도 있다. 만약 이 책에서 네가 감동을 받았다면, 이제 너는 너의 손으로 무엇을 할 것인지 생각해야 한다. (211쪽)

저자는 우리 사회에 존재하는 다양한 형태의 폭력에 저항하고 폭력에서 벗어나는 길은 '인식'과 '행동'이라고 말한다. 폭력에서 벗어나고자 하는 '행동'만이 일상을 평화롭게 만들 수 있으므로 우리 사회 모든 구성원이 이 '행동'에 즐겁게 동참하자고 권한다.

**김정숙** 서울전동중학교 국어교사

# 제대로 놀아야 잘 산다

대한민국 10대, 노는 것을 허하노라
김종휘 지음, 양철북, 2010

『대한민국 10대, 노는 것을 허하노라』를 읽고 머릿속에 계속 맴도는 말이 있다. 대한민국 학생들과 부모들의 '제발 좀 이 책의 내용대로 살 수만 있다면 얼마나 좋을까?'와 '밤낮으로 공부해도 모자랄 판에 무슨 소리냐?'라는 볼멘소리들이다.

이 책은 내 자식이 뒤처지면 어쩌나, 하는 노파심 때문에 자녀들의 독립된 인격을 무시하고 앞다투어 돈을 뿌려가면서까지 소중한 자녀들의 인생을 망치는 데 두 팔을 걷어붙이고 있는 안타까운 현실을 꼬집는다. 그리고 그 대안으로 공부만이 인생의 전부라는 생각에서 벗어나 제대로 놀아야(여기에서 언급하는 '제대로 놀아야 한다'는 표현은 무지막지하게 노는 것을 뜻하는 게 아니다) 인생의 진정한 목표 의식을 가지고 인생관을 확고하게 세울 수 있다고 한다. 작은 성공과 실패에 연연하지 않고 그것을 넘을 수 있는 정신적인 무장을 주문하고 있는 것이다.

이 책의 내용을 조금이라도 실천할 수 있는 사람이 얼마나 될까, 라는 의문을 품는 사람들도 많을 것이다. 남들 하는 대로 다 하지는 못해도 남들 하는 만큼은 해야 하지 않겠냐고 생각하는 게 지금의 대한민국을 살고 있는 부모라는 현실을 감안하면, 이 책의 내용은 부모를 포함해서 교사 그리고 당사자인 10대, 20대들에게는 먼 나라의 일로 생각되고 다만 부러워할 내용일지도 모르겠다. 그렇지만, 아직도 늦지는 않았다고 생각한다. 문제가 있다는 것은 그 속에 정답이 있다는 것 아닌가!

## 남들 사는 대로 살 필요는 없다

자기가 정말 하고 싶은 것, 자기가 즐겁게 잘할 수 있는 것을 찾아보지도, 해보지도 못한 채 인생을 보낸다는 점. 인생을 걸고 함께 도전하고, 실패해도 다시 도전하게끔 용기를 주는 파트너 즉 소울 메이트나 동료를 만나지도 못하고 외톨이로 산다는 점. 마지막으로는 하고 싶어서 한 그 일이 우리 사회와 세상을 더 좋게 바꿀 수도 있다는 엄청난 사실을 체험해보지 못하는 것은 물론 그럴 수 있다는 사실조차 까맣게 모른 채 소중한 인생을 보낸다는 점이다. (110~111쪽)

나는 책의 내용 중 '찌질이의 내면과 결론은 세 가지 점에서 같다'는 말에 적극적으로 동의한다. 그렇다고 일부러 실패를 하라는 뜻은 아니다. 중요한 것은 부모의 뜻과 본인의 뜻이 충돌했을 때 어떻게 대처하느냐에 따라 무거운 마음을 훌훌 떨치고 재기할 수도 있고, 끝을 알 수 없는 나락으로 떨어질 수도 있다는 사실이다. 실패를 인정하고 원인을 파악하여 되풀이하지 않으면 그것만으로도 성공한 것 아닌가. 부모가 자식의 실패를 책망하지 않고, 당사자가 실패를 두려워하지 않는다면 자녀들의 인생은 더 이상 찌질이가 아니라고 이 책은 말한다.

10대, 20대 자녀들을 둔 부모들이 기존의 교육에 휘둘리지 않고 '남들이 다 하니까 시키는' 것들로부터 용감하게 탈출하여 자식들과의 허심탄회하게 대화하고, 그들의 결정을 존중해주면 얼마나 좋을까? 남들보다 못하는 면도 있겠지만 그걸 못마땅하게 생각하지 말고 '조금 늦을 뿐'이라는 긍정적인 사고의 전환이 필요한 것 같다.

물론 모든 부모가 자식이 공부 잘하고 부모와 본인이 원하는 대학에 들어가서 신나게 공부하고 원하는 일(물론 여기서 일이란 원하는 기업체, 아니면 하고자 하는 일을 말한다)을 하면서 부모에게 효도하고 자기보다 조금 부족한 주위 사람들에게 눈을 돌리면서 뜻한 바를 펼치면서 살아가기를 바라지만, 사람의 일이란 알 수 없는 상황을 늘 안고 살아야 하지 않는가!

### 계속 어항 속의 금붕어로 살게 할 것인가?

이 책은 부모들에게 '자식들을 어항 속의 금붕어로만 키울 것인가?'

라는 질문을 던진다. 비바람, 추위도 더위도 모르는 어항 속 금붕어, 우선 보기에는 화려하고 우아하게 보일지 모르나 실수로 그 어항이 바닥에 떨어지고 깨어졌을 때 죽을 만큼 힘들어서 바둥거리는 금붕어 마음의 상처는 누가 치료해줄 수 있을까?

나는 이 책을 읽고 짐 캐리가 주연을 맡았던 〈트루먼 쇼〉라는 영화가 생각났다. 이 영화의 주인공은 30년간 각본에 의하여 짜여진 삶을 살다가 어느 날 그 삶에 대하여 회의를 갖게 되면서부터 그곳으로부터 벗어나고자 한다. 온갖 방해와 권력의 회유, 협박 등을 뿌리치고 과감하게 계단을 올라 문을 열고 나가는 그의 모습에서 나는 진정한 용기를 보았다.

자식들에게 자생력을 키워주어야 한다. 부모의 체면과 위신에 대한 구색 맞추기가 아닌, 회사가 요구하는 기계적인 인간이 아닌 당사자 스스로의 의지에 의한 결의, 행동에 대하여 용기의 말과 함께 따뜻한 미소를 보내주어야만 우리의 자녀들은 다가올 세상의 진정한 주인공이 될 수 있다. 각자의 타고난 감성, 생각, 뜻하는 바가 다 다른 법이니 획일성을 요구하지 말자.

빠르게 변화하고 있는 앞으로의 시대에는 혼자서 잘 먹고 잘 살아가지 못한다. 앞만 보고는 살아갈 수가 없다. 좌우 옆에 있는 타인들을 돌아보고, 배려하고 손잡고 함께 살아가야만 한다. 그렇게 해야만 결코 길지도 짧지도 않은 인생을 값지게 보낼 수가 있지 않을까? 자신을 소중하게 여기듯이 타인도 그렇게 여기면서 배운 것을 남에게 베풀 줄 아는 인간이 되도록 키웠으면 한다.

미국의 변화심리학자인 앤서니 라빈스는 그의 저서 『네 안의 잠든

거인을 깨워라』에서 이렇게 말했다. "성공이란 당신이 원하는 때에 좋아하는 사람과 하고 싶은 일을 마음껏 하는 것이다"라고. 나는 지금의 10대, 20대 젊은이들이 매우 명랑하고 밝다고 생각한다. 대다수의 이들이 어려운 여건 속에서도 꿈과 희망을 버리지 않고 열심히 산다는 현실에 뜨거운 박수를 보낸다. 그들이 답답한 현실에서 깨쳐 나와 가슴속에서 뜨겁게 일어나는 열정을 맘껏 펼치기를 바란다.

**이동림** 창원안골포초등학교 교사

# '잘못' 만난 선배와 같은 책

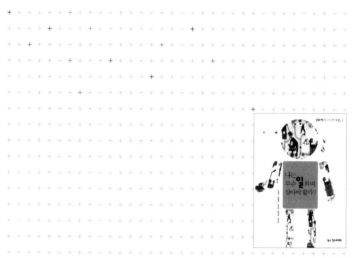

**나는 무슨 일 하며 살아야 할까**
이철수 외 지음, 철수와영희, 2011

**네 꿈을 바꾸지 말고 세상을 바꿔라**

홍세화는 한 강연에서 한국 사회에서 균형 잡힌 사회의식을 가지려
면 선배를 '잘못' 만나는 수밖에 없다고 한 적이 있다. 서점가를 점령
한 자기계발서나 주류 미디어가 말해주지 않는 빈 곳을 채워주는 시
각을 접할 기회는 그만큼 드물다. 『나는 무슨 일 하며 살아야 할까』
는 일견 진로 상담서 같은 제목을 달고 있지만 청소년들에게 너희는
미래의 노동자라고 말해주는 '잘못된' 선배와 같은 책이다. 한마디로
이 책은 직업 선택에 대한 책이 아니다.

길담서원의 '청소년인문학교실'에서 진행된 강연록을 모은 이 책은 판화가 이철수의 "상상할 수 있는 모든 것이 직업"이라는 말로 시작된다. 이철수는 길담서원에 모인 10대들에게 대학 학과 목록을 두고 직업을 선택하는 우를 범하지 말기를 당부한다. 세상에 존재하지 않는 직업이라도 하고 싶은 일이 있다면 자기가 그 직업의 창조자가 될 수 있다고. 이를 위해 독산고등학교 교사 박현희는 부모나 사회가 주입한 열망이 아닌 진짜 자기 열망을 찾으라고 한다.

그러나 스스로를 "88만원 세대도 못 되고 죽을 사死의 44만원 세대"라고 칭한다는 청소년들에게 진짜 열망을 찾아 그 일을 하라는 말은 비현실적으로 들릴 수 있다. 이에 박현희는 '개미와 베짱이' 우화를 들어 개미와 베짱이가 각자 하고 싶은 일을 하며 행복하게 살 수 있는 사회를 말한다. 육아, 주거, 노후 문제 등을 확실한 사회 보험으로 해결하는 나라에서는 베짱이를 부양하기 위해 개미가 고된 노동을 할 필요가 없고, 베짱이도 안정을 위해 예술을 포기하지 않아도 된다. 무한경쟁사회에서 자신을 사회에 끼워 맞추느라 지쳐 있는 청소년들에게 박현희는 세상을 네 꿈에 맞춰 바꾸라 한다.

**알바생이 아니라 노동자**

그렇다면 세상은 어떻게 바꿀 수 있을까? 우선은 사회 속에서 자기 자리가 어딘지 정확하게 인지해야 한다. 우리는 10대들에게 미래의 직업을 생각해보라는 말은 많이 하지만 정작 일하는 삶 그 자체가 어떤 것인지 알려줘야 한다는 사실은 간과한다. 이 책은 대부분의 청소년들이 미래에 노동자로 살게 될 것이며, 만약 지금 일을 하고 있다면 이미 노동자의 삶을 경험하고 있는 거라 말한다. 알바생, 아르바이트를 하는 '학생'이 아니라 청소년 노동자인 것이다.

그러나 청소년 노동자들이 처한 현실은 녹록하지 않다. 성추행이 벌어지거나 최저임금을 지키지 않는 사업장도 많고, 공부해야 할 학생이 알바를 한다는 곱지 않은 시선도 문제다. 이런 노동 현실은 사회 전체의 문제와 관계가 있다. 열심히 일해도 가난에서 벗어나지 못하는 노동 빈곤 현상은 청소년 노동 현장에서도 되풀이되고, 청소년 노동 인구 증가의 원인은 가족 해체 현상과 닿아 있다.

인권활동가 배경애는 청소년 노동이 취약한 이유를 청소년들에 대한 우리 사회의 미숙한 시선에서 찾는다. 그는 2008년 광우병 반대 집회에서 10대들이 앞장서 촛불을 들었음에도 "아이들이 무슨 죄냐. 우리가 지켜주자"고 했던 어른들의 구호에서 볼 수 있듯이 우리 사회는 청소년을 막연한 보호 대상으로 규정하고 있다고 지적한다. 교복에 이름표를 박음질을 해서 뗄 수 없게 해야 할 정도로 통제가 필요한 대상으로 보고 있기도 하다. 청소년을 자립적인 노동자로 볼 수 있는 분위기가 조성되어 있지 않은 것이다.

그렇다면 이런 문제는 '청소년' 노동의 문제일까, 청소년 '노동'의 문제일까. 한국은 청소년이 아닌 노동자들에게는 어떤 사회인가.

'노동과꿈' 대표 하종강이 만난 한 대학생의 일화는 의미심장하다. 학생에게는 한국에는 친아빠가, 호주에는 새아빠가 있다. 그 학생은 호주에 이민을 가서 새아빠와 살았는데, 그는 노동자로서 자부심도 강하고 노조 활동을 열심히 했다고 한다. 그 학생은 이후 한국에 들어오게 되었는데, 친아빠에게 "공부를 열심히 안 하면 노동자 된다"는 말을 듣고 가치관의 혼란을 겪었다고 한다.

노동 인구의 절반이 비정규직 노동자에, 양극화가 점점 심해지고 있음에도 한국 노동자들은 스스로가 노동자임을 인식하고 가진 자들에게 자신의 권리를 요구하기를 꺼려한다. 하종강은 유럽에서는 자본주의가 정상적으로 굴러가기 위해 필요한 사회의식이 혁명을 통해 자연스럽게 뿌리내렸지만, 식민지 40년에 분단 60년을 겪으면서 한국 사회에는 그럴 겨를이 없었다고 말한다. 외국에선 기본적으로 이뤄지는 노동자 교육이 이루어지지 않아 최고의 엘리트들이 모이는 국책은행 강연에서조차 "왜 근로자라는 단어를 두고 노동자라고 하냐"는 항의를 받는 일이 벌어지기도 하는 것이다.

이것은 청소년들이 몇 년 후 취직을 하면 맞닥뜨리게 될 현실이다. 하종강은 미래의 노동자가 될 10대들에게 앞으로 단순히 개인의 차원에서가 아니라 구조적 관점으로 사회를 보라고 충고한다. 그는 휠체어를 타는 한국인 유학생의 요구를 받아들여 대학 건물을 뜯어고친 한 나라를 예로 든다. 이때 당당한 그 유학생 개인의 능력을 칭송하는 데 멈추지 말고, 장애인 한 명을 위해 건물 전체를 바꾸는 것이 가능한 사회를 생각하는 훈련을 하라는 것이다.

## 2003년 김주익과 2009년 준람의 만남

이 책의 각 장에는 청소년들의 짤막한 강연 감상문이 실려 있다. 하종강의 강연을 들은 후 학생 준람은 한진중공업 정리해고에 항의하며 크레인 농성을 하다가 스스로 목숨을 끊은 고 김주익 씨의 아들

딸이 쓴 편지를 인터넷에서 발견한다. 일자리를 구해줄 테니까 크레인에서 내려오면 안 되냐는 딸과 누나가 자길 괴롭혔다고 투덜대는 막내아들의 편지다. 준람은 6년 전 편지 속 아이들이 이제는 자기 또래가 됐을 거라고 쓴다.

"그들은 어떤 마음을 안고 살아가고 있을까요. 같은 시간, 같은 하늘 아래서."(227쪽)

좋은 이야기는 '같은 시간, 같은 하늘 아래서' 멀리 떨어져 있었으나 만났어야 했던 존재들을 연결시킨다. 알아야만 했으나 몰랐던 진실을 알았을 때 청소년은 성장한다. 이 책의 마지막을 장식하는 준람의 글은 이런 성장을 잘 보여준다.

진로 선택과 노동에 관해, 쉽게 들을 수 없지만 알아야만 하는 이야기를 담은 이 책을 '미래의 노동자' 혹은 지금 일하고 있는 열일곱 청소년들에게 권한다.

**최주리** 연세대학교 강사

# 청춘에겐 저마다의 오아시스가 필요하다

**인디고 서원, 내 청춘의 오아시스**
아람샘과 인디고아이들 지음, 궁리, 2011(개정판)

## 말을 물가로 끌고 가기도 어렵다

지난해 초에 방과후 수업으로 독서 논술반을 개설했더니 상위권 성적의 학생들이 제법 모였다. 나는 1학년 학생들과 함께 책을 읽고 토론하는 것이 의미 있을 거라고 생각했다. 『사회를 보는 논리』(김찬호 지음)라는 책을 1차 교재로 선정하고 한 장씩 읽어나가기로 했다. 이 책은 13장으로 구성되어 있고, 각 장은 20여 쪽 분량이었기 때문에 1주일에 두 번씩 수업하는 데 별 무리가 없을 것으로 생각했다. 그런데 막상 수업 시간에 들어가 보니, 책을 읽고 온 학생이 거의 없었다.

읽지 않은 이유는 '잊었거나, 어렵거나, 시간이 없어서'였다. 그런 상황은 수업이 진행되는 동안 계속 이어졌다. 창체 시간을 활용하여 만든 독서 토론반은 상황이 더 심각해서 시도조차 어려웠다. 결국 다 같이 책 한 권을 온전히 읽고 이야기를 나누는 것은 물 건너가고 말았다.

지난달에는 우리 학교 2학년 학생 전체가 장편소설 『삼미 슈퍼스타즈의 마지막 팬클럽』(박민규 지음)을 읽었다. 문학 과목 수행평가였는데, 작품을 읽고, 몇 가지 조건에 따라 비평글을 적게 했다. 학생들이 써낸 글을 대충 훑어 보니, 반마다 두세 명을 제외하고는 다 읽은 것 같았다. 물론 이건 많이 발전한 것이다. 이 학생들이 고등학교에 입학했을 때, 1학년 국어 첫 번째 수행평가로 『오래된 미래』(헬레나 노르베리-호지 지음)를 읽었는데, 어렵다고 난리였고 안 읽은 학생도 제법 많았다. 지난 1년 동안 네 권의 책을 읽으면서 이 정도는 당연히 읽어야 한다는 체념(?)을 하게 된 탓인지, 아니면 소설이 재미있어서 그랬는지 이번에는 학생들 대부분이 책을 읽었다. 해마다 수행평가

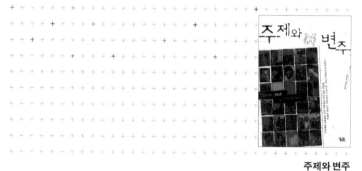

**주제와 변주**
인디고 서원 엮음, 궁리, 2006

의 한 영역으로 같은 학년 학생들이 책을 4권 정도 함께 읽는데 이게 쉬운 일이 아니다. 다만 방과후 활동이나 동아리 활동에 비해 수행평가는 점수로 연결되기 때문에 많은 학생들이 읽긴 읽는다.

학교에서 학생들이 같은 책을 읽고 뭔가 의미 있는 활동을 하는 일은 매우 어렵고 힘든 일이어서 상상 밖의 일로 치부되기 십상이다. 책을 읽는 것 자체가 힘들다 보니 독후 활동은 더 까마득한 일이 된다. 말에게 물을 먹이는 것이 문제가 아니라 물가로 끌고 가는 일부터 힘든 것이다.

## 꿈 꾸는 이들의 책읽기

인디고 서원의 책 중 가장 먼저 접한 책은 『주제와 변주』였다. 『주제와 변주』는 다양한 분야의 책을 읽고 저자들을 인디고 서원에 초청하여 나눈 대화를 정리한 책이다. 원래 이런 종류의 책은 그 책을 읽었거나 저자에 대해서 좀 알거나 하지 않으면 머리에 잘 들어오지 않게 마련이다. 그런데 이 책은 달랐다. 질문과 대답이 신선하고 깊이가

**인디고 서원에서 행복한 책읽기**
인디고아이들 지음, 궁리, 2007

있어서 쉬 책을 덮지 못한다. 질문이 날카로우니 답변이 섬세할 수밖에 없는지도 모른다.

이왕주 교수와의 대화에서는 "지금 우리 앞에 있는 당신은 누구시죠?"와 같은 질문을 던지면 "지금 나를 부르는 타이틀은 모험하는 자, 방황하는 자, 서성거리는 자, 비틀거리는 자, 실존으로의 삶입니다"는 식의 대답이 나오고, 이어서 누군가 "고독한 실존으로서는 자신을 어떻게 정의 내리실 수 있나요?"라는 질문을 하는 식이다. 초청 저자들은 저마다 "난 요즘 학생들은 책도 안 읽고 학교 공부만 한다고 생각했는데, 그래서 이 나라가 어디로 갈지 걱정했는데, 정말 파란 잎사귀 같은 희망을 여러분에게서 발견했어요" 같은 말을 하는데 나 또한 책을 읽으면서 그런 생각을 했다.

어떻게 이런 장이 마련될 수 있었을까? 처음 인디고 서원의 문을 열고 지금까지 이끌어온 이는 허아람 선생이다. "제가 시인이 되는 것보다 내가 시의 삶을 사는 것이 훨씬 더 행복하고 아름다운 꿈을 이룬 거라고 생각해요. 그래서 꿈을 이루어가는 그런 과정에 지금 제가 있고 충분히 제가 시적인 삶을 살고 있다고 생각해요"라고 말하는 허아람 선생의 의지와 열정이야말로 인디고 서원의 가장 든든한 밑바탕일 것이다.

그렇다면 시적인 삶을 산다는 건 어떤 의미일까? 『인디고서원, 내 청춘의 오아시스』는 그런 속사정을 살피게 하는 책이다. '아람샘'과 인디고 서원에서 왕성하게 활동하는 구성원들의 일기가 가득하다. 그들의 내면을 들여다볼 수 있는 통로가 될 수도 있으나 400쪽이 넘는 제법 방대한 분량의 이 책을 꼼꼼하게 읽을 수 있는 일반 독자가 얼마나 될지는 모르겠다.

『인디고 서원에서 행복한 책읽기』는 서문에 "우리를 이렇게 풍요롭게 해주는 책들을 우리만 보고, 우리만 즐기기에는 너무 아깝다는 생각이 들었습니다"라고 밝힌 것처럼 인디고 서원에서 활동한 학생들이 자신들이 함께 읽은 책을 소개하는 글을 모은 책이다. 이 책에는 "청소년들이 좋은 책을 찾아 떠나는 여행의 길라잡이 역할"을 할 내용이 많아 청소년들, 혹은 청소년들에게 책을 추천하고자 하는 이들이라면 눈여겨볼 만하다.

그런데 인디고 서원의 책을 읽다 보면 어디 먼 다른 곳의 이야기처럼 들린다. 내가 학교에서 만나는 일반적인 아이들, 주변의 교사들이 말하는 보통의 학생들과는 좀 동떨어진 느낌이랄까. 그래서 인디고 서원의 구성원들은 스스로 '청춘의 오아시스'라고 했으나 그것은 단지 '당신들의 오아시스'일 뿐이라는 거리감이 들기도 했다. 그러나 그러면 또 어떠랴. 이 사막 같은 세상을 헤쳐 나가야 할 청춘들에게 저마다의 오아시스가 필요할 터, 그런 오아시스가 도처에 생겨난다면 멋진 일이 아닌가. 그런 의미에서 인디고 서원이 주체적인 청소년 활동의 마중물 같은 역할을 할 수 있을 것이라 기대한다.

**고용우** 울산제일고등학교 교사

# 삶의 자생력을 키워주는
# 교양 교육

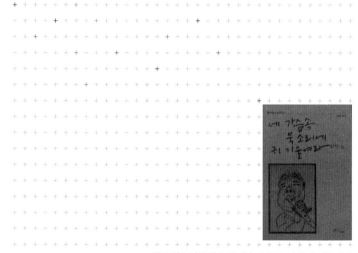

**풀무청소년특강 1 네 가슴 속 북소리에 귀 기울여라**
풀무학교 엮음, 그물코, 2007

### 명문학교란 무엇인가?

풀무농업기술고등학교라는 이름을 들어본 사람들은 별로 없을 것이다. 그러나 다음과 같은 일화를 들으면 이 학교에 대해 궁금해질 것이다. 외국 유명 뉴스매체에서 세계 곳곳의 명문학교를 취재를 하는 특집을 기획한 적이 있다. 그런데 그들이 생각하는 한국의 명문은 소위 입시 성적이 좋은 학교가 아니라 바로 이 학교였다. 더욱 기가 막힌 일은 취재 여부를 학생들에게 맡겼더니 학생들이 거절을 한 것이다. 그 이유는, 공부에 방해가 된다는 것이었다.

풀무학교는 농업인을 양성하기 위한, 소위 특수목적고(?)다. 하지만 풀무학교를 좀 아는 사람들은 대안학교로 알고 있다. 그리고 대안학교라고 하면 공부 못하고 적응 못하는 아이들이 다니는 학교쯤으로 알고 있을 것이다. 그런데 공부에 방해된다니! 세계적으로 유명한 학교가 될 수도 있는 기회를 제 발로 걷어찬 것이다.

풀무학교의 교육 목표 중에 어섯 번째는 '머리도 꼬리도 없다(무두무미)'인데, '교직원과 학생은 예수를 교주로 하여 각기 자기 역할을 하면서 유기적 공동체를 이루는 일원이며 동료로서 학교 일을 민주적으로 협의, 결정한다'고 한다.

그리고 일곱 번째는 '밝은 학교생활'로, '학교에서 정한 10가지 약속을 바탕으로 학생들이 검소하고 고상한 가치를 추구하도록 학생 문화 환경을 마련하며 개별 지도, 묵학 시간 활용과 교실 안팎에서의 공동학습, 자치활동을 장려하여 학교생활을 밝고 뜻있게'하는 것을 목표로 한다.

요약하면 이 학교는 학생들이 유기적 공동체의 일원으로 서로를 돕는 과정에서 스스로 판단하고 협력하는 모습을 지향한다. 따라서 전교회의와 학우회, 학급회, 생활관 총회 등 각종 자치활동을 통해 스스로 판단을 하고 결정을 내리고 실천하는 교육을 한다.

아마 바로 이런 시스템 때문에 외국 언론이 풀무학교를 한국의 명문으로 생각했을 것으로 추측된다.

**교양 교육이 왜 중요한가?**

공교육과 사교육이 다른 점이 무엇이라고 생각하는가? 다양한 견해가 있겠지만 나는 공교육의 목적이 교양 교육에 있다고 생각한다. 입시에서 자유로운, 교육의 근본을 생각한 교육 말이다. 아마 학원에서 교양 교육을 한다고 하면 '미친 거 아냐?'라고 할 것이다. 지금의 공교육도 다르지 않다. 만약 교양 교육을 강화하면 입시라는 공동의 목표를 향해 달려가는 불나방 같은 우리 국민들이 용서(?)할까? 아마 항의 전화를 하고 난리가 날 것이다.

풀무학교에서는 오래전부터 '교양 국어'라는 이름으로 매주 목요일 4교시에 전교생과 선생님들이 강당에 모여 풀무학교 교사를 비롯해서 지역 농민, 사회 각 분야에서 큰 역할을 하는 분들, 학부모 또는 졸업생들이 강사가 되어 다양한 주제로 강연을 실시해왔다. 우여곡절 끝에 문화시간으로 명칭이 바뀌었지만 지금도 여전히 진행되고 있다. 이 강의를 정리해서 묶은 책이 바로 '풀무청소년특강' 시리즈이고, 지금까지 세 권이 출간되었다.

교양 교육의 중요성은 첫 번째 책 첫 번째 강좌인 김종철의 '사춘기의 소중함, 그 감성이 삶의 바탕입니다'에서 잘 설명되어 있다.


얼마 전에 잘 아는 스님 한 분과 얘기를 나눈 적이 있어요. 이런 저런 얘기 끝에 요즘 자라나는 세대들의 교육 문제에 화제가 미쳤는데, 그 스님이 뭐가 제일 문제냐고 물어보시기에 내가 그랬어요. 요즘 아이들이 쉴 틈이 없다는 게 제일 큰 문제라고요. 삶에 있어서는 일하는 것보다 쉬는 게 중요해요. 생명이 자라는 데는 햇빛이 있어야 하지만 달빛과 별빛도 반드시 있어야 합니다. (중략) 어느 날 느닷없이 내가 뭔가, 산다는 게 뭔가, 하는 그런 의문이 들면서 자꾸만 마음속에서 그 의문을 풀어야 한다는 욕구가 생기고, 그래서 입시 공부하다가 출가하게 된 것 같다고 하셨어요. 여러분처럼 고등학생 때 품었던 의문이 평생의 화두가 되는 수가 많죠. (1권, 11~12쪽)

문화시간의 목표는 바로 이것이다. 쉴 틈을 주고 그 쉴 틈에 평생에 화두가 될 만한 것들, 그래서 내가 평생을 두고 할 가치가 있는 일을 찾게 해주는 것이다. 이것을 자생력을 키워준다는 말로 바꾸어 말할 수 있을 것이다. 내가 한 인간으로서 어떤 일을 하고 살 것인가를 생각할 수 있도록 해주는 것만큼 중요한 교육은 없다. 그런데 우리 사회의 학교는 이것을 해주지 못하고 있다. 입시 성적이 좋아 좋은 대학을 입학하면 모든 것이 저절로 풀릴 것처럼 아이들에게 말하고 있지만, 어른들은 잘 알고 있지 않은가? 좋은 대학을 가면 기회가 좀 더 많을 뿐이지 저절로 되는 것은 없다는 것을. 차라리 조금 공부를 못해도 내가 하고 싶은 것을 알고 대학을 가거나 취업을 하는 것이 훨씬 행복한 인생이라는 것을 아이들이 알아야 한다.

**풀무청소년특강 2**
풀무학교 엮음, 그물코, 2007

## 소유냐 존재냐, 행복한 삶을 위해 풀어야 할 과제

행복한 인생을 살기 위해서는 극복해야 할 것이 있다. 홍세화는 '어떻게 살 것인가?'라는 강연에서 에리히 프롬의 책『소유냐 존재냐』를 인용하면서 "우리 의식세계를 지배하고 있는 것이 소유에 대한 관심일까, 존재에 대한 천착일까"라는 질문을 던진다.

한국사회는 좀 앞서 제가 말씀드린 바와 같이 소유가 존재를 규정한다고 주장하고 있는 사회입니다. 당신이 사는 곳이 당신이 누구인지 말해준다고 하지 않습니까. 소유가 존재를 규정한다고 강조하고 있습니다. 바로 에리히 프롬의 화두를 완전히 거꾸로 말하고 있는 것인데 앞으로 여러분은 소유와 존재 사이의 균형, 적어도 존재가 소유에 의하여 소외당하는 사람이 되지 말기를 바란다는 것입니다. (2권 56쪽)

명품가방을 들어야만 행복한 것일까? "나, 자이에 살아요"라고 말해야 행복한 것일까? 행복한 삶이란 무엇인가, 라는 질문은 '어떻게

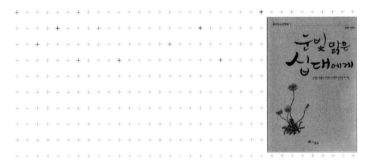

**풀무청소년특강 3 눈빛 맑은 십대에게**
공선옥 외 지음, 그물코, 2010

살 것인가'라는 스스로 답할 수 있어야 해결될 것이다. 풀무교육이 추구하는 것은 바로 이것이다. 어떻게 살아야 할 것인가를 찾는 것.

초등학교를 졸업하고 노동자로 살다가 겨우 검정고시를 거쳐 공고에 입학했지만 2학년 때 중퇴를 한 안건모 선생은 20여 년간 버스 운전을 하면서 살았다. 그러다 사회의 모순을 깨닫고 노동자를 위해 싸움을 시작했다. 그리고 지금은 〈월간 작은책〉라는 잡지의 편집장을 하면서 노동자를 위한 읽을거리를 만들고 있다. 그는 버스 운전사를 할 때보다 적은 월급으로 살아가지만 어느 때보다 행복하다고 한다.

행복한 삶을 살기 원하는 청소년, 앞날이 보이지 않아 방황하는 청소년이라면 '풀무청소년특강' 시리즈를 꼭 읽어봤으면 좋겠다. 그 강연장의 감동을 체험한다면, 스스로를 바꿀 수 있는 소중한 기회가 될 것이다.

**이수종** 서울성사중학교 과학교사·환경과 생명을 지키는 전국교사 모임

3

열일곱의
**문학**

# 아픈 곳을 보듬어주는 친구

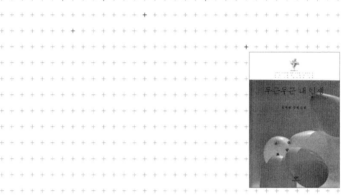

**두근두근 내 인생**
김애란 지음, 창비, 2011

아무리 모정이 위대하다지만 엄마도 사람인지라 같은 자식이라도 조금 더 정이 가는 아이가 있다. 엄마들은 첫째보다는 둘째, 딸보다는 아들에게 눈길을 더 주는 경우가 많은데 솔직히 나도 예외는 아니다. 첫째인 딸아이에게 그게 스트레스가 되었는지 어느 날 "이럴 거면 누가 나를 낳으래?"하고 소리치며 엄마의 편애에 울분을 터뜨렸다. '그동안 얼마나 마음이 아팠으면 저런 말을 할까?' 반성하며 스스로에게 '왜 나는 제대로 키우지도 못할 거면서 애를 둘씩이나 낳았을까?' 하는 질문을 던진 적이 있었다. 내가 던졌던 이 질문은 김애란의 소설 '두근두근 내 인생'이 던지는 화두이기도 하다.

**사람들은 왜 아이를 낳을까?**

소설의 주인공 아름의 부모는 열일곱에 아기를 갖는다. 아름의 엄마 는 자신에게 닥친 이 불안하고 두려운 사건 앞에서 어떤 결정을 내려 야 할지 알 수 없어 아기를 낳았을 때의 장점과 단점을 적어본다. 아 무리 생각해도 단점만 떠오를 뿐 좋은 점이라고는 하나도 생각나지 않았지만 '한 존재를 향한 거대한 사랑의 예감' 때문이었는지 아직 아이라고 해도 좋을 나이에 부모가 된다. 이십대 후반에 결혼해 부모 가 되어도 모든 것이 서툴고 어리석어 시행착오와 잘못을 저지르며 우왕좌왕하고 뒤늦은 후회를 하는데 아름의 부모야 말할 것도 없었 다. 그들은 마치 자기들이 다시 태어난 양 처음부터 모든 것을 하나 하나 깨우쳐간다.

"인간이라면 마땅히 할 줄 안다고 생각한 거 그런 걸 하나도 못하는 게 완전 신기하지 않니?"
"응."
"그런데 그걸 하게 만들었다는 거 아니야 우리 엄마 아빠가."
"그러게." (61쪽)

그들은 아기를 키우며 자신을 키운 부모의 위대함을 생각하고 부 모와 그 부모의 부모 역시 세상에서 가장 작은 인간, 아무 것도 할 줄 모르는 아기에서 출발했다는 사실을 새삼 깨닫고 성숙해간다. 그렇 다. 이 어린 생명은 어리바리하게 몸만 커버린 어른들을 진짜 어른이 되게 하려고 태어난 거였다.

'부모는 부모라서 어른이지 어른이라 부모가 되는 건 아닌 모양이라고' (78쪽)

아기를 낳아 키우며 행복을 맛보던 어린 부모는 아이가 세 살 때 원인도 치료법도 모르는 조로증이라는 병에 걸렸다는 사실을 알게 된다. 아름의 엄마가 '지랄발광'이라 부르는 끔찍한 발작과 노인들이 앓는 각종 질병에 시달리며 아름이는 열일곱이 된다. 아름의 부모가 자신을 낳았던 나이…

**아름의 짧은 삶**

하나님은 왜 나를 만드셨을까? 장애를 가진 사람들은 한 번쯤 이런 질문을 하늘에 던져보았을 것이다. 장애를 가지지 않은 사람들도 자신이 불행하다고 느낄 때는 '왜 나를 세상에 던져 이렇게 고통스럽게 살아가게 만들었는가?'하는 푸념을 신에게 퍼부어보았을 것이다. 열일곱 나이에 시력을 잃어가고 심장은 언제 멈출 줄 모르는 데다 지나가는 사람들에게 동정인지 연민인지 "내가 저런 몰골을 하고 있지 않아 다행"이라는 안도인지 모를 시선을 받는 아름 역시 이 질문을 던진다.

내가 이만큼 살면서 깨달은 게 하나 있다면 세상에 육체적인 고통만큼 철저하게 독자적인 것도 없다는 거였다. 그것은 누군가 이해할 수 있는 것도 누구와 나눠가질 수 있는 것도 아니었다. 그래서 나는 지금도 '몸보다 마음이 더 아프다'는 말을 잘 믿지 않는 편이다. 적어도 마

음 아프려면 살아 있어야 하니까. (96쪽)

아름의 사연이 TV 프로그램을 통해 소개된 후, 아름은 비슷한 처지의 소녀로부터 메일을 받는다. 그리고 그 소녀와 메일로 비밀을 주고받으며 사랑할 수 있으리란 기대로 마음이 설렌다. 엄마 뱃속에서 들었던 먼 북소리 같기도 하고 큰 발소리 같기도 한 무엇. 거대한 몸집을 가진 누군가가 다가오는 소리 두근두근두근… 그 떨리는 삶의 감동을 아름은 다른 누구보다 예민하게 느낀다.

어쨌든 내 주위를 둘러싼 모든 게 나를 두근대게 해. (272쪽)

그러나 그 소녀는 서른여섯 살이나 된 아저씨가 시나리오의 소재를 얻기 위해 꾸며낸 존재였던 것! 좌절하고 세상을 원망할 시간도 부족한 아름은 엄마와 아빠의 청춘과 사랑의 이야기를 선물로 남기고, 자신의 글을 읽고 있는 엄마 아빠 곁에서 아스라이 숨을 놓는다. 결국 자신에게 던졌던 질문의 해답은 찾지 못한 채.

**반짝이는 청춘일지라도**

아름이가 던졌던 질문의 답은 그렇게 쉽게 찾을 수 있는 것이 아니다. 답을 쉽게 찾을 수 있었다면 사람들은 교회로, 성당으로, 절로 다니며 신에게 답을 구하지 않았을 것이고 철학책을 뒤적이지도 않았을 것이다. 아름이는 왜 살아야 하는지에 대한 답을 찾지 못했지만 어떻게 살아야 하는지는 알고 있었던 것 같다. 절망적인 상황에 보여준

능청스러움과 삶의 순간순간을 소중하게 느끼며 사랑하는 모습은 비록 고통스러운 삶일지라도 충분히 살아갈 만한 가치가 있음을 느끼게 해준다.

우리 반에는 지방에서 올라와 기숙사 생활을 하는 학생이 많다. 예술 고등학교라서 실기와 공부를 함께 하느라 늘 지쳐 있고, 1학년이라 학교생활에 적응하는 것이 힘들어 보여, "학교생활 힘들지 않니?" 한 학생에게 물어보았는데 뜻밖에도 "아니요, 재미있어요"하고 밝게 대답하며 지나간다.

하루하루가 경이로운 즐거움의 나날인 청춘에게 이 소설은 필요 없을지도 모른다. 그러나 이 즐거운 청춘들도 어느 날 한없이 축 처지고 내 자신이 한심하다고 느껴질 때가 있을 것이다. 살아갈 이유도 없다는 생각이 들고 '이토록 지질한 인생을 계속 힘들게 이끌어가야만 하는 이유는 뭘까?' 의구심이 들 때, 이 책을 만난다면 짧았던 시간만큼 남보다 더 진한 인생을 살아낸 아름이를 보며 '나도 내 인생을 더 사랑해야지' 힘을 낼 것 같다. 아픈 곳이 많은 한 학생이 이 책을 읽고 "아픈 곳을 아프지 않게 보듬어주는 친구를 만난 것 같다"고 말했던 게 생각난다. 좋은 책은 좋은 친구도 되어주나 보다.

**박혜경** 국립전통예술고등학교 교사

# 암담한 현실을 향해 날리는
# 통쾌한 펀치

**완득이**
김려령 지음, 창비, 2008

이 책이 세상에 처음 소개되었을 때 가히 신드롬이라고 할 만큼 많은 사랑을 받았다. 『해리포터』가 아이들의 손에 게임기 대신 책을 들게 했던 것처럼 이 책은 많은 청소년들이 책에 관심을 갖게 했다. 그 내용을 보면 불우한 가정 환경에 삐딱한 시선을 가진 폭력적인 고등학생이 자신의 정체성을 찾아가는 성장소설이다. 사실 성장소설에서 흔히 볼 수 있는 설정에 주인공의 면면이 남다르거나, 특별한 사건이 있다거나, 아니면 대단한 메시지를 담고 있는 것도 아닌데, 무엇이 우리를 이렇게 '완득이'에게 열광하게 하는 것일까?

## 왜 『완득이』에 빠져들게 되는가?

이 책은 먼저 '완득이'라는 제목에서부터 편안하고 친근한 느낌을 준다. 주인공의 이름이 특별하지 않고 무언가 부족한 듯한 이미지를 만들면서, 호기심을 자극하는 동시에 편안한 마음으로 책을 집어들 수 있게 해준다. 게다가 표지가 만화처럼 그려진 것도 관심을 끄는 데 한몫을 한다. 마치 중간에 만화 한 자락 끼어 있을 것 같은 기대감도 기꺼이 책을 읽게 하는 한 요소가 된다. 하지만 이 책을 가장 이 책답게 만든 것은 무엇보다 개성 있는 캐릭터들이 쏟아놓는 걸쭉한 입담이다. 담임선생님을 '똥주'라고 부르며 거침없이 담임을 죽여달라고 기도를 하는 완득이나, 절반은 욕인 것 같고, 저주 같기도 하고, 맞는 말인 것도 같지만 자존심 팍팍 밟아주는 똥주 선생의 화려한 언변은 독자들을 당황하게 하면서도 통쾌함을 느끼게 한다. 게다가 진지함이라고는 전혀 없어 보이는 주인공들의 말과 행동도 즉흥적이고 재미를 따라가는 아이들의 성향을 잘 만족시켜 준다. 또 숨 쉴 틈 없이 달려가는 빠른 진행은 설명이 조금만 길어져도 이내 몸을 비트는 사춘기 아이들에게 입에 딱 맞는 떡이 아닐 수 없다.

이런 구성은 1인칭 주인공 시점을 선택한 작가의 탁월함에서 비롯된다. 주인공 완득이는 자신 주변의 모든 것을 적 아니면 아군의 이분법으로 단순하게 판단한다. 많은 것을 생각하지만 진지하고 깊이 있게 생각하는 것 자체를 거부한다. 이런 완득이의 단순한 시선으로 주변을 보니 심각하고 진지하게 이야기가 진행될 수 없다. 주변 인물들은 많은 고민을 하고, 생각하고, 결정하고 행동하지만 완득이의 시선에 담긴 모습만을 작가는 고스란히 전달한다. 이러한 완득이의 시선은 청소년들이 주변을 바라보는 눈높이와 같다. 그래서 아이들은 이해할 수 없는 어른들의 시선으로 자신들의 생각과 삶을 왜곡시켜 설명하는 글보다 자신들의 시선으로 세상을 바라보는 '완득이'에 더욱 매력을 느끼는지도 모른다.

**『완득이』도 피해가지 못한 허점들**

그렇다고 『완득이』가 흠 없이 좋은 책이라는 것은 아니다. 사회의 여러 가지 문제들을 다루고자 하는 작가의 욕심에 완득이 주변의 환경은 비정상의 연속이다. 난쟁이 아빠와 정신지체를 앓고 있는 삼촌 아닌 삼촌이라는 일그러진 가족 구성이 그렇다. 또 베트남인인 엄마는 남편을 너무도 사랑한 나머지 여자들과 춤을 추는 직업의 남편을 용납하지 못해 이혼도 하지 않은 채 핏덩이 자식을 놓고 나가버린다. 그러다가 다 큰 후에 나타나서는 "나는 너를 잊지 않고 있었다"라니 무슨 신파 같은 상황인가. 더군다나 용서를 구하고 용서하는 과정도 없다. 집 나갔다가 17년 만에 돌아온 엄마는 어느 틈엔가 자연스럽게 가족 속 자기 자리로 돌아와버린다.

교사인 똥주가 외국인 근로자 문제를 다루는 과정에서 보이는 행보 역시 납득하기 어렵다. 악덕업주에게 착취당하는 외국인 노동자들의 실태를 고발하기 위해 작가는 똥주를 패륜아로 만들기에 주저하지 않는다. 외국인 근로자들에게 의료지원이나 임금을 제대로 지원하지 않고 착취하는 아버지를 경찰에 고발하고 그 아들을 다시 맞고발하는 상상하기 힘든 상황을 만들어낸다. 자칫 부모를 고발해도 떳떳하면 된다는, 마치 그것이 영웅처럼 보이는 왜곡된 부자상을 그

려낼 수 있는 위험성을 안고 있다. 이런 똥주를 제자의 아픔을 꿰뚫어보고 이끌어주는 나름 괜찮은 교사로 묘사하고 있다는 것은 아무리 정의가 우선시되는 사회라 하더라도 통념상 받아들이기 어렵다. 작품에 극적인 장치를 하기 위한 작가의 이런 선택이 자칫 '완득이'를 막장드라마처럼 보이게 만들기도 한다.

거기에 '생활지원대상자'들에게 지원되고 있는 방식 또한 현실과 다르다. 일반적으로 학기 중에는 급식비 지원의 형태로 식비가 지원되고 수급품은 방학 중에만 나온다. 그것도 동사무소에서 학생의 집으로 직접 가져다주는 형식으로 지원이 된다. 소설에서처럼 햇반이나 호박죽이 학교로 오고 학생들이 햇반을 집으로 가져가는 일은 없다. 이처럼 학교 현장에 실제 근무하고 있지 않은 작가들이 학교의 부조리한 모습을 그릴 때 드러나는 소소한 오류들은 학교 현장에 있는 사람들에게 불편함을 느끼게 하는 요소가 되기도 한다.

## 그럼에도 불구하고『완득이』

그럼에도 불구하고 많은 기관에서『완득이』를 추천도서로 꼽는 것에는 분명 이유가 있다. 무엇보다『완득이』에는 감동과 성장이 있다. 전체적인 이야기 전개 속에서 감동의 반전 드라마는 연출되지 않는다. 킥복싱을 하는 완득이는 시합을 할 때마다 TKO패를 당한다. 완득이의 부모님도 끝까지 다시 합치지 않는다. 그리고 완득이가 갑자기 모범생이 된 것도 아니고, 학교 현장이 변하지도 않는다. 그런데도 이 책을 다 읽고 난 후에 독자들은 '희망'이라는 단어를 떠올린다. 현실은 변하지 않지만 조금씩 마음을 열어가면서 사람들의 진심을 만나고, 여전히 미숙하지만 그래도 하고 싶은 것을 찾아 부지런히 달려가는 주인공 때문이다. 여전히 아빠는 장애인이고 엄마는 외국인 노동자이지만 가족이 얼굴을 마주하는 시간이 생겨났고, 학년이 바뀌어도 죽이고 싶은 똥주가 담임이 되어 속을 북북 긁어대도 똥주가 그냥 싫지만은 않다. 세상이 온통 불만투성이였던 완득이가 세상과 소통하고 이해하는 첫걸음을 내딛은 것이다.

아이들은 오히려 극적인 변화보다 이 작은 변화에 안도한다. 아이들은 세상이 쉽게 변하지 않는다는 것을 안다. 그리고 자신들이 꿈꾸는 세상이 오지 않을 수도 있다는 것도 안다. 어른들에게 몰려서 목적 없이 달려가는 자신의 삶이 마냥 불안하기만 하다. 여전히 부모의 기대로부터 도망치는 데 실패하고 자신의 주변 상황은 변하지 않는다. 이런 아이들의 모습이 완득이, 혁주, 윤하의 모습 속에 고스란히 녹아 있다. 하지만 책 속 등장인물들은 자신들의 고민을 끌어안고 씩씩하게 살아가면서 조금 달라진 시선으로 암담하고 답답한 현실 속에서도 꿈을 찾아간다. 이런 작은 변화가 바로 성장이고 희망임을 작가는 말한다. 이것이 여전히 우리가 '완득이'를 선택하게 하는 힘이 아닐까 생각한다.

**이호은** 경민여자중학교 한문교사

# 모란여고 심화반 폐지 대작전

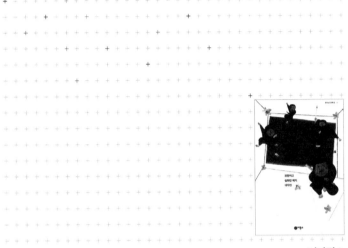

**닌자걸스**
김혜정 지음, 비룡소, 2009

4월 초파일을 알리는 플래카드에 '수능 고득점 기원 100일 기도' 라는 문구가 눈을 끈다. 종교는 세계 평화나 마음 수양을 위한 기도가 되어야 할 터인데 수능 고득점을 위한 기도라니! 기도가 자기의 염원을 담는 것이기는 하지만 어쩐 일인지 '수능고득점 기원 100일 기도'는 씁쓸하다.

『닌자걸스』의 화자 고은비는 70킬로그램의 몸으로 가당치 않게(?) 탤런트가 꿈이다. 별명은 고뚱땡, 고릴라, 고질라. 뚱뚱한 것과 연관된 것이라면 고은비의 별명이 될 수 있다. 은비 엄마는 의사 예찬론자다. 생활비의 대부분을 과외비와 학원비로 쓰며 아들을 의대에 보냈고,

이제 은비 차례다. 은비가 귀신보다 무서워하는 것은 엄마의 잔소리와 배고픔이다.

은비에게는 3명의 친구가 있다. 소울은 키가 150cm를 겨우 넘길 만큼 작아 중학생에게도 돈을 뜯긴다. 하지만 시니컬한 독설로 은비의 가슴을 후벼 파기도 한다. 지형은 심화반인 모란반에서 잘렸지만 드라마 작가가 꿈이고, 혜지의 꽃미남 쌍둥이 남동생에게 푹 빠져 지낸다. 혜지는 예쁜 외모를 지녔지만 반에서 꼴등이다. 혜지의 성적을 올린다는 미명하게 각자의 또 다른 목적을 가지고 혜지의 집에 모인 네 친구의 솔직하고 유쾌한 이야기가 시작된다.

## 왜 부모는 자녀의 꿈을 대신 꾸는가?

60대에 행복한 사람이 되기 위해서는 젊었을 때 자기가 하고 싶은 것은 해야 한다는 말이 있다. 하지만 현실 속 부모는 자식이 좋은 대학에 가는 걸 최우선에 둔다. 그리고 대개는 자식의 수준보다 기대치를 높게 잡아 갈등을 일으키기 마련이다.

왜 부모들은 자기 꿈을 꾸지 않고 자녀 꿈을 대신 꿔주려고 하는 건지 답답할 뿐이다. 우리 엄마의 꿈은 의사 자식 보는 거고, 지형이네 엄마 꿈은 선생님 딸 두는 거고, 혜지네 엄마는 자식이 4년제 대학 가는 거다. 나도 나중에 부모가 되면 그렇게 될까? 내 꿈 대신 자식 꿈을 꿀까? (156쪽)

은비 엄마로 대변되는 현대 어머니들의 모습과는 사뭇 대조적인 모습을 영화 〈빌리 엘리어트〉(2001년, 영국)에서 볼 수 있다. 거친 남자들에 의해 생계가 꾸려지는 탄광 지역. 광부의 아들인 빌리는 발레리노가 꿈이다. 하지만 빌리의 아버지는 아들이 여자애들이나 하는 발레를 한다는 것을 창피하게 여긴다. 그러나 추운 체육관에서 혼자 신들린 듯 춤추는 빌리를 본 후 아들이 탄광에서 벗어날 수 있는 유일한 탈출구가 발레라는 것을 깨닫고 런던에 있는 로얄발레학교 입학시험을 준비하도록 한다. 그는 배신자라는 원성을 감수하며 파업 중인 탄광으로 들어간다. 이 영화 속 아버지는 자식의 삶의 가치가 어디에 있는지를 깨달은 다음에는 주변의 비난에도 아랑곳하지 않는다.

## 성적이 지상 최대의 목적

학생들은 공부, 입시의 테두리 안에서 옴짝달싹할 수가 없다. 성적이 지상 최대의 목적이 되어버린 학교는 공부 잘하는 아이들을 뽑아 보충수업과 자율학습을 시키는 심화반을 만들었다. 고등학교 심화반은 생활기록부에도 남고, 입학사정관제에도 영향을 끼친다. 그래서 학부모들은 자녀가 심화반에 들어가면 '심화반에 합격했다'고 말한다. 마치 대학에 가기 위한 예비반처럼 생각한다. 심화반에 들어간 학생들 또한 우월감을 느낀다.

반대로 심화반에 못 들어간 학생들은 상대적인 박탈감과 상실감을 느끼고, 미래에 대한 가능성이 없다고 생각해 우울한 학교생활을 하기도 한다. 이런 부작용을 알면서도 '일류대학 합격'이라는 명제 앞에서 심화반은 계속되고 있다.

난 모란반에 대해 생각해 본 적이 없다. 나한테 문제는 모란반이 차별이냐 아니냐가 아니라, '어떻게 하면 모란반에서 잘리지 않을까?' 하는 것이다.

"글쎄, 모란반은 차별이 아니라 대우가 아닐까? 공부 잘하는 애들한테 특권을 주는 것 말이야. 모란반은 장학금 같은 거라고."

내 말을 들은 소울이가 흥분하며 길길이 날뛰었다.

"장학금? 말이 좋아 장학금이지, 그건 눈에 보이지 않게 계급을 나누는 일이야. 너 심화반 제도가 말이 된다고 생각해? 너무 불공평하잖아."

"원래 세상이 그런 걸 어떻게 해?"(98쪽)


이 소설에서 네 명의 소녀들은 자신들의 꿈을 이루는 데 걸림돌인 심화반을 폐지하기 위해 다소 엉뚱한 작전을 펼친다. 교육청에 투서를 하고, 교무실에 부적을 붙이기도 하고, 귀신 소리를 녹음해 교실 뒤 청소함에 틀어두기도 한다. 이 모든 것이 수포로 돌아가자 마지막으로 옥상에서 자살소동을 벌인다. 언젠가 TV예능 프로에서 했던 '옥상에서 외치기'. 그냥도 아니고 닌자 가면을 쓰고, 확성기를 들고…. 가면을 썼다 해서 사람들이 모를 리 없지만, 이들은 확성기로 맘껏 외친다.

"엄마, 저 의대도 싫고요. 모란반도 싫어요. 배우가 되고 싶어요. 정말 정말 하고 싶어요."

"윤병철 선생님, 제 노트 돌려주세요. 제가 석 달 동안 쓴 시나리오란 말이에요! 앞으로 수업 시간에 딴짓 안 할게요. 제발 돌려 주세요."

"미국 가기 싫어요, 제발 저 미국 보내지 마세요."

"난, 모란반이 싫어요."

이 소설은 숨 막히는 학교생활과 성적 위주의 현실 속에서도 톡톡 튀는 재미를 유머러스한 소동으로 담아냈다. 아이들의 내면을 생생하게 잡아내는 심리 묘사도 뛰어나다. 꿈과 미래에 대한 큰 걸개를 중심으로 비만에 대한 고민, 연예인에 열광하는 모습, 부모와의 갈등 등 현재 아이들 모습이 고스란히 담겨 있다. 이 소설의 작가는 네 명의 여고생 캐릭터에는 자신의 10대 모습을 골고루 투영되어 있어서, 이 작품을 쓰는 동안 즐거웠다고 고백했다. 독자들도 이 인물들에서 각자의 10대를 발견할 수 있지 않을까?

**박영옥** 서울연지초등학교 사서

# 체벌은 우리에게 무엇을
# 가르쳐주었나?

**열일곱 살의 털**
김해원 지음, 사계절, 2008

## 범생이 일호, 학생 인권에 눈뜨다

송일호는 언제나 머리털이 단정하다. 조상이 체두관(고종의 단발령에 따라 상투를 잘랐다고 함)이라는 관직을 지냈고, 태성이발관을 창립하여 대를 물려 경영하는 집안의 자손답다. 하지만 선도부 선생님들에게 걸리지 않는 선에서 최대한 긴 머리털을 유지하고픈 욕망에 사로잡혀 있는 친구들 틈바구니에서 이렇게 언제나 단정함을 유지하고 있다는 것, 이것이 문제였다. 그냥 저냥 적당한 선에서 튀지 않고 친구들과 어울려 지내려 했건만 선도부 선생 오광두로부터 난데없이

'모범적인 두발 형태'로 칭송을 받았으니 난처하기만 하다. 이 일로 송일호는 '범생이 일호'라는 별칭을 얻게 된다. 이런 '범생이 일호'가 매를 맞고 상담실에 불려 가게 되면서 이야기는 새로운 국면을 맞이한다.

이유인즉 체벌을 일삼는 것으로 악명 높은 체육선생 매독에게 대들었기 때문이다. 송일호는 매독이 체육시간에 체육복을 갖춰 입지 않은 아이의 뒤통수를 갈기고 그것으로도 모자라 수업을 마치고 난 뒤에는 따귀까지 때리는 모습을 보게 된다. 누군가 폭행당하는 모습을 보는 것, 그것도 간접적으로 폭행당하는 것이다. 송일호는 자신이 맞는 것도 아닌데 심장이 빠르게 뛰고 제 뒤통수가 다 얼얼해지던 참인데 실컷 매를 맞고 뒤돌아 가려는 아이를 머리가 길다며 다시 불러 세우고 심지어 라이터를 머리칼에 대고 그어대는 모습을 보고는 더는 참지 못한다. 그대로 튕겨져 나가 매독에게 달려들어 그 손에서 라이터를 낚아채 땅바닥에 냅다 던져버렸으니…

"머리칼이 길다고 라이터를 들이대는 선생님의 비인간적인 행위를 막은 건 잘못한 일이 아닙니다." (59쪽)

선생에게 대든 것을 사과하라는 담임에게, 오히려 사과해야 할 사람은 체육선생이라고 말하는 송일호. 여기서부터 이야기가 점점 재미있어진다. 이 일로 송일호는 일약 영웅이 되지만 두발 규제는 더 심해지고 학생들의 불만도 커져만 간다. 학생회의에 두발 규제를 폐지해야 한다는 의견이 나오기도 했지만 단번에 묵살되고 오히려 교장

이 벌점제를 도입할 거라는 소문이 돈다. 이에 격분한 아이들이 다른 학교에서 벌어지고 있다는 두발 규제 폐지 시위와 수업 거부에 대해 이야기를 하게 된다. 그날 이야기를 듣고 집에 돌아 온 송일호는 인터넷을 뒤져 두발 규제 반대 시위를 하는 학교를 알아보고 의외로 그 수가 많다는 사실을 알고 놀란다.

송일호는 두발 규제 폐지 시위를 주동하려고 하지만, 불행히도 유인물이 매독의 손으로 들어가는 바람에 초전도 아니고 전초전에서 박살난다. 다시 상담실로 불려간 일호는 매를 맞고 부모님까지 학교로 호출 당하기에 이른다. 이제까지 부재했던 일호의 아버지가 20년 만에 집에 돌아와 극적으로 이 호출전화를 받는다. 하지만 문제를 일으킨 자녀 때문에 학교에 불려온 아버지 치고는 일호의 아버지는 멋졌다! 보통의 부모들 같았으면 자식 잘못 가르친 죄인이라며 선처를 호소하느라 머리를 조아렸을 것이나 일호의 아버지는 일호가 작성했다는 유인물을 찬찬히 읽어보고 "제법 제 생각을 잘 정리했다"고 평하더니 한술 더 떠서 교육이 이래서야 미래지향적이고 창의적인 인재를 길러낼 수 있겠느냐며 국제인권위원회에 제소할 일이라고 펄쩍 뛰었으니 말이다.

**학생들의 머리털 대신 잘라 없애야 할 것들**

나는 학생인권조례를 제정하는 서명운동을 벌였던 적이 있다. 정작 당사자인 학생들은 법적으로 단체의견을 낼 수 있는 연령이 아니어서 학부모나 선배인 성인들의 서명이 필요했다. 서명을 받기 위해 만났던 몇몇 사람들의 반응에 답답했던 일이 생각난다. 학생의 인권이라는 것을 오로지 교복과 두발에 관한 규제를 없애자는 것으로만 알고 있어서 놀랐고, 선생님들이 가르치는 대로 그저 따르면 될 일이지 학생들에게 무슨 권리가 필요해서 이렇듯 서명운동까지 벌이느냐는 말에 할 말을 잃었더랬다. 학교 안에서 행해지는 체벌과 인격적 모욕을 학생의 탓으로만 보는 시선이 정말 갑갑했다.

머리털, 그 까짓 걸 가지고 뭐 그렇게 말이 많으냐고 할 수도 있다. 하지만 오래전에 읽었던 이 소설을 다시 읽으며 더욱 더 선명하게 보이는 것이 있다. 이 소설이 단순히 머리털에 관한 이야기가 아니라는 점이다. 기성세대에 대한 신세대의 저항, 기존 질서에 대한 새로운 의식의 저항이며, 기득권층에 대한 약자들의 저항으로 넓혀 생각할 여지가 많은 작품이다. 특히 나라에서 하는 일이라면 무조건 따라야 한다고 믿고 살아온 일호의 할아버지가 나라에서 벌이는 재개발의 실상을 알게 되면서 반대하는 편으로 바뀌는 것도 같은 맥락에서 읽을 수 있다.

학생인권조례가 발효되었는지 아닌지 잘 모르겠다. 어디선 되었다 하고 다른 쪽에선 아니라고 하고… 별것 아닌 것 같은 머리털의 길이로 그토록 가혹하고 엄중하게 아이들을 통제하는 건 우리가 바로 그런 교육을 받고 자란 사람들이기 때문이 아닐까? 어른이 되어 학교 밖에서 위정자들을 향해, 혹은 직장에서 우리를 고용한 자들에게 우리가 인간으로 당연히 누려야 할 기본적인 권리를 좀 누리게 해달라고 입을 열어야 할 때면 지레 오금이 저리도록 작동하는 유전자를 만든 건 학교에서 받은 체벌교육인지도 모른다. 신체와 정신에 가하는 모든 고통과 모욕이 폭행이다. 학교라는 곳을 잠시만 들여다보아도 어리고 힘없는 학생들에게 가르침을 준다는 명목으로 행해지는 폭행이 헤아릴 수 없을 만큼 많다는 것을 금세 알 수 있다.

아직도 학교에 무슨 인권이 필요하냐고 말하는 사람이 있다. 잘라 없애야 할 것은 학생들의 머리털이 아니라 '학교란 원래 그런 곳'이라는 어른들의 답습이 아닐까?

**신정화** 서울삼광초등학교 사서교사

# 울지도 못하는 청춘들

**울기엔 좀 애매한**
최규석 지음, 사계절, 2010

우리 청소년들은 자신이 좋아하는 것이 무엇인지 알지 못한 채 대부분의 시간을 학교와 학원을 오가며 보낸다. 부모들은 그들의 꿈이 무엇인지, 정말 하고 싶은 것이 무엇인지 묻기 이전에 사회 주류가 되기 위해서는 유명 대학을 가야 한다며 어릴 때부터 학원으로 내몬다. 이 책은 만화가를 꿈꾸는 청소년들이 다니는 미술학원에서 일어나는 일상을 통해 사회의 한 단면을 그리고 있다. 작가는 미술학원에서 대학입시 만화 강사로 일했을 때 마주친 대한민국 청소년들의 우울한 현실을 세 주인공들을 통해 보여준다.

　못생긴 외모에 유명 연예인과 같은 이름 때문에 이름 불리길 싫어

하는 원빈, 좋은 대학에 붙고도 "어떻게든 되겠지" 하다 결국 입학금을 마련하지 못해 재수생이 된 은수, 학생들에게 독설을 퍼붓지만 실은 원빈이나 은수 같은 아이들에게 더 애정을 갖는 학원 강사 태섭. 이들을 중심으로 미술학원에서 벌어지는 이야기가 이 작품의 골자이다. 이 만화는 가난 때문에 불평등한 삶의 조건을 그런 식으로 버틸 수밖에 없는 아이들의 현실을 씁쓸하게 그리고 있다.

### 왜 울기엔 좀 애매한 상황이 되어버렸을까?

공식적으로는 "대학이 다가 아니야, 좋은 대학에 가지 않고도 얼마든지 행복한 삶을 살 수 있어!"라고 말하지만, 학벌 중심의 총체적인 우리 사회구조를 누구도 부인하지 못한다. 부모들은 내 아이만은 이른바 '슈퍼갑'이 되기 위해 수단과 방법을 가리지 않고, 경쟁을 뚫고 이기길 바란다. 더구나 이런 대학 입시 현장에서 또 한 무리의 어른들은 이 작은 성공에 대한 기대를 이용하려 든다. 원빈은 조금이라도 학원비를 보태려고 아르바이트를 하다 어설픈 사회정의를 부르짖는 사장에게 알바비를 떼일 뻔 하고, 미술학원장은 다른 학생들의 작품을 돈 많은 사장 딸의 포트폴리오에 넣어 수시에 합격시킨다. 그 사실을 알게 된 학생들은 또 한 번 큰 상처를 입는다.

그런데 왜 이 상황에서도 우리 아이들은 울지도, 항변하지도 못하는 것일까? 너무나 현실이 황당해서일까? 아니면 그 상황에서 울면 더 찌질해질까 봐 여우의 신포도처럼 자신이 먹지 못할 상황에 대해 나름의 논리로 바라보게 된 것일까? 이에 대해 "맞잖아, 머리 좋으면 놀아도 공부 잘하고, 재능 있으면 그림도 금방 잘 그리고, 예쁘면 더 살기 편하고…"라고 말하는 원빈은 어리숙한 것 같지만, 자신이 어찌할 수 없는 아픈 현실을 정확히 알고 있다. 강사 정태섭은 "웃거나 울거나만 있는 것은 아니고 화를 내는 것도 가능하다"고 말하지만, 원빈이 묻듯이 과연 "누구한테" 화를 내야 하는 것일까? 이것은 우리 모두가 짊어지고 가야 할 과제이다.

## 표류하는 청소년들

어른이 되면 우리 청소년들이 꿈을 꾸고 살아갈 수 있는 세상을 만들기 위해 뭔가 할 수 있을 거라 생각했다는 작가의 말에 나는 전적으로 동감한다. 학교 현장에서 입시 문제로 고민하는 그들을 보며 내가 공부했던 시절보다 훨씬 더 힘들어진 지금의 교육 정책과 입시 경쟁에 대해 뭐라 더 위로할 말이 없다. "꼭 좋은 대학 안 가도 잘 살 수 있어!" 라는 말이 그들에게 과연 위로가 될 수 있을까? 그렇게 살아도 루저가 되진 않는다고 자신 있게 말할 수 없기 때문이다.

나는 이 만화의 작가가 스스로 가난과 부조리를 몸소 부딪치면서 그 의미를 치열하게 고민해왔다는 점을 작품을 통해 알 수 있었다. 그러나 어떤 십대들은 자신이 부딪히는 일상의 문제와 부조리에 대해 고민하고 갈등하며 살고 싶어 하지 않는다. 잘 살기 위해, 남들이 부러워하는 직업을 가지고 돈 많이 벌기 위해, 힘들지 않고 편안하게 살 수 있는 길을 찾기 위해, 남이 어떻게 생각하든 나만 좋으면 되는 삶을 즐기는 그들은 오늘도 그 많은 청춘의 시간들을 보낸다. 이로 인한 부작용인지 몰라도 최근 학교에서는 자살과 학교 폭력, 집단따돌림 등이 문제가 되고 있다. 왜 이런 문제가 발생하는 걸까?

그들의 삶의 터이자 성장의 핵인 가정과 학교에서, 사회에서 청소년들의 삶의 방향과 비전에 대한 제시 없이 경쟁과 최고를 부르짖으며 관계성을 제대로 정립할 기회를 주지 못했기 때문이 아닐까. 한마디로 그들은 표류하고 있는 것이다. 그렇다면 자신의 꿈을 향해 치열하게 고민하고 현실에 부딪힐 수 있는 용기 있는 십대로 성장할 수 있는 세상을 만드는 것이 과연 불가능한 것일까?

나는 집안 형편 때문에 학원비를 밀려가면서도 미술 입시반에 다니는 은수에게 "나한테 꿈이 없는 게 참 다행스러워"라 말하는 은수의 동생과 같은 아이는 더 이상 없었으면 한다. 점점 80대 20의 사회가 되어간다고 해도 가난 때문에 꿈마저 꾸지 못한다면 그것이야말로 패배자의 인생이 아닐까? 원빈과 은수 같은 아이들이 꿈을 이뤄갈 세상이 속히 왔으면 한다. 지나치게 낙관적 비약일까? 그래도 나는 교사로서 이런 희망을 갖고 우리 사회와 학교, 아이들을 바라보고 싶다.

## 우울한 현실을 넘어설 수 있었으면

『울기엔 좀 애매한』은 대학 입시를 앞두고 우리 사회 청소년들이 안고 있는 입시 교육과 관련된 부조리한 현실을 감각적인 언어와 사실적 묘사로 잘 보여주지만, 그것을 어떻게 해결할 수 있는지, 청소년들에게 어떤 희망을 제시할 수 있는지에 대해서는 말해주지 못하고 있다. 작가는 그 문제를 어떻게 바라보고 해결했으면 하는지, 사회에 어떤 희망적 대안들이 있는지 등에 대해서도 말하고 있지 않다. 오히려 이 책을 접한 청소년들이 사회 현실에서 부딪히는 일상의 다양한 문제 상황 속에서 극복의 의지와 용기를 갖기보다 좌절하거나 우울해하면 어쩌나 하는 우려가 드는 것도 사실이다. 힘들지만 어려운 현실 속에서도 포기하지 않고 꿈을 위해 도전하고 장애물들을 이겨나가는 전사와 같은 청소년들의 모습을 볼 수 있었다면, 하는 아쉬운 면이 있다. 하늘은 스스로 돕는 자를 돕는다고 하지 않았는가!

**권현숙** 효자고등학교 사회교사

# 가난하고 배운 것이 없어 서러운 시절의 이야기

**어쩌자고 우린 열일곱**
이옥수 지음, 비룡소, 2010

## 나와 내 친구들의 이야기

열 가구밖에 안 되는 외딴 마을에서 자란 소꿉친구 셋은 중학교를 졸업하고 인근 도시의 고등학교로 진학했다. 나와 한 친구는 인문계 고등학교의 여고생이 되었고 다른 한 친구는 수출자유지역에 있던 회사에서 운영하던 실업학교로 가서 낮에는 공장에서 일하고 밤에는 학교에서 공부하는 야간학교의 학생이 되었다.

열일곱 살이던 그해 학교와 공장으로 헤어졌던 우리는 오랫동안 만나지 못했다. 나와 한 친구가 자취를 하며 모의고사 문제를 풀고 있을 때 공장으로 간 친구는 공장 기숙사에서 팔도의 동료들과 지내며 일하랴 공부하랴 몸도 마음도 바빴으리라. 토요일마다 고향집으로 돌아갔다가 일요일 오후 늦게 떠나오곤 했던 우리는 한 친구를 한 번도 만날 수 없었다. 그 친구 집이 마을 들머리에 외따로 있어 부러 찾아가지 않으면 만나기 어렵기도 했지만 친구는 휴일에도 거의 고향에 오지 않았고 명절에는 오랜만에 모이는 식구들과 어울리느라 그런지 더더욱 집 밖으로 나오지도 않았다.

열일곱 살이던 그때는 어쩔 줄 몰랐다. 늘 나보다 똑똑하고 예뻐서 빛나 보이던 그 친구가 소꿉친구인 나를 외면하는 마음을 알 것 같았지만 그 마음을 어떻게 위로해야 할지 몰랐다. 나는 나대로 미리 공부하고 온 도시 아이들의 실력을 따라 가느라 공부에 허덕였다. 등교 시간이면 남학생 여학생이 뒤섞여 몸이 닿는 버스가 불편했으며 매연을 내뿜으며 쉬지 않고 달리는 차들이 무서워서 신호등이 없는 횡단보도에서는 길을 건너는 것마저 힘겨운 어리보기였다. 어리둥절하게 시작한 도시 생활이 숨 막히기만 그 해, 나는 열일곱이었다.

## 돈 벌러 서울 가는 그 시절의 친구들

『어쩌자고 우린 열일곱』에도 세 친구가 나온다. 꼼새 순지, 꿍새 은영, 깡새 정애. 제각기 어려운 집안 사정으로 고등학교에 진학할 수 없었던 한 동네 친구들은 서울로 올라와 공장에 취직한다. 돈 벌어 다시 공부하려는 희망으로 부모 형제를 두고 고향을 떠나 도착한 서울은 열일곱 어린 소녀들에게 결코 만만한 곳이 아니었다.

전자부품회사에 스무 살이라고 나이를 속이고 입사한 순지와 그 친구들은 "몸에 감기는 공기마저 역겨운 서울이"지만 "누군가의 언니고, 누군가의 오빠이며, 누군가의 딸이고 아들"이 "착한 얼굴로 각자의 마음속에 품고 있는 어떤 희망으로 열심히 살아가는" 모습에 다시 힘을 얻으며 서울 생활을 한다. 쉴 새 없이 돌아가는 컨베이어 벨트 앞에서 화장실 갈 시간도 없이 전자부품의 납땜 작업을 하던 순지는 되고 힘겨운 노동에 마음마저 거칠어진 동료와 싸우고 회사에서 쫓겨나면서 세상살이를 조금씩 알아간다.

전자회사에서 쫓겨난 순지가 다시 취업한 곳은 상가 건물에 있는 작은 봉제 회사였다. 생산량을 다 채울 때까지 먼지 폴폴 마시면서 하루 종일 쪽가위로 실밥 따는 이름 없는 시다지만 학교에 갈 희망을 잃지 않은 순지는 회사 지하에 있는 기숙사로 옮기고, 얼마 뒤 정애와 은영이도 순지의 봉제 회사로 옮겨 온다. 회사도 기숙사도 불법시설이라는 것을 몰랐던 세 친구는 "지금 배우지 않으면 평생 후회"한다는 생각으로 "배우고 싶을 때 배우고 보자는 오기를 쏟아내며 지금부터 삼 년 동안 어떤 일이 있어도 이를 악물고 야간 학교라도 다니기로" 결의한다.

해가 바뀌고 설날이 되어 고향에 다녀온 친구들은 드디어 야간학교에 입학하고 추석에 다시 고향에 돌아갈 날을 기다린다. 그러나 식구들에게 줄 선물을 사서 머리맡에 두고 "내일이면 만날 사랑하는 사람들의 얼굴을 마음속으로 그려보면 아련히 꿈속으로 빠져들었"던 세 친구는 함께 고향에 가지 못했다.


*우지끈, 타타탁……. 타닥……. 탁탁. 엄마, 엄마, 살려주세요. 제발요!*

제발……. 뜨거워……. 악……. 뜨겁다. 세면장까지 기어 올라갔다. 물소리가 들린다. 아이들이 세면장에 모여서 아우성을 쳤다. 무섭다고! 뜨겁다고! 운다. 엄마를 찾으며……. (258쪽)

남들처럼 쉴 때 쉬어 보고, 놀러도 가고 싶어서 피멍이 맺히도록 실밥을 따고 눈을 비비고 입술을 깨물며 야학에서 공부를 했지만 철창으로 둘러친 기숙사에서 어이없이 죽어간 정애와 은영. 화장실 창문에 매달려서 질식해 한꺼번에 죽어간 친구들 대신 혼자 살아남은 것이 너무 미안해서, 철창과 셔터로 어린 친구들을 가두어 둔 어른들이 미워 입을 다물어 버리고만 순지. 그들은 모두 열일곱이었다.

**열일곱이 꿈꾸는 희망**

작가는 과거 어느 사건으로부터 작품의 주인공인 꼼새, 깡새, 꿍새를 만났다고 한다. 서울올림픽이 열리던 해인 1988년 3월 25일, 안양 그린힐 섬유봉제 공장에서 누전으로 일어난 화재는 10시간 이상의 중노동과 낮은 임금 속에서도 꿋꿋하게 생활해나가던 28명의 여성 노동자 중 22명의 생명을 앗아갔다.

요즘 10대들이 태어나기도 전인 시절, 풍요의 시대로 넘어가던 이 시절의 이야기를 통해, 작가는 사람의 가치를 다시금 생각해보고 싶었다고 얘기한다. 제대로 된 소방 시설도 없는 어두운 공장 기숙사에서 타 죽어간 10대의 이야기는 몇 십 년 전의 옛날 이야기가 아니다. 조금만 눈을 돌리면, 미성년이라는 이유로 주유소나 패스트푸드점 등 곳곳에서 제대로 된 대접도 받지 못한 채 '알바'라는 이름으로 일에 내몰리는 오늘날의 10대의 모습이 비추어진다.

10대들에게 어른들의 세상은 '공평치 못하고', 현실은 '개 같다.' 첫눈 오는 날, 경찰의 단속으로 점심시간에 제때 식사도 못 하는 순지와 친구들은 "어쩌자고 우린 열일곱"일 뿐일까라며 탄식한다. 하지만 절대로 '인생이 아름다울 거'라는 믿음에 대한 포기는 없다. 그 이유를 작가는 '희망'이라는 한 단어로 압축한다. 회색빛 서울에 발을 디딘 순지가 어스름한 아침 햇살 속에 출근하는 사람들의 발걸음 속에서 발견하는 것도 바로 '희망'이다.

10대들이 후에 어떤 일을 하든 "내가 이 일을 하면 사람들의 마음과 몸이 다치지 않고 행복하게 살 수 있을까?"라는 근본적인 고민과 더불어 "이 세상에서 가장 귀한 것도 사람이요. 이 세상에서 가장 귀하게 대접을 받아야 하는 것도 사람이라는 생각을 마음에 꼭 새기고 살면 좋겠다"라는 작가의 바람이 더욱 간절한 때다.

**김정숙** 서울전동중학교 국어교사

# 왕따를 바라보는 새로운 시각

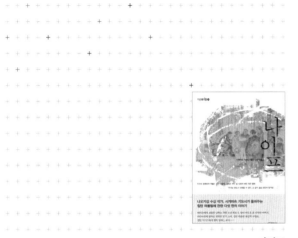

**나이프**
시게마츠 기요시 지음, 오유리 옮김, 양철북, 2004

어릴 적 경험을 쓰는 작가들이 있다. 그들은 절대 지워지지 않는 기억을 인물과 소재를 바꿔 반복해 쓴다. 그런 글에서는 뜨겁고 분명한 진심이 느껴진다. 말할 수밖에 없구나, 말해야 치유되는구나 싶다. 그런 느낌을 전해주는 작가가 있다. 어렸을 때 말을 더듬고, 전학을 자주 다녀 외톨이였다고 고백하는 작가, 시게마츠 기요시다. 그는 지금 왕따 전문 작가라는 호칭으로 불리며, 청소년 상담사로도 활동한다.

『나이프』는 집단 따돌림을 소재로 한 소설집이다. 다양한 왕따를 다룬 이야기 다섯 편이 실렸다. 원작은 1997년에 쓰였다. 요즘 한창 학교 폭력으로 세간이 어지럽지만, 이 책이 담고 있는 현실도 만만치 않다. 최근 들어 학교 폭력을 예방한다며 각종 정책을 내놓고 있지만, 정작 왕따 당사자와 주변인에 대해선 너무 무지하지 않나 싶다. 이 책은 우리가 놓치고 있을지도 모르는 왕따를 둘러싼 갖가지 이해관계를 섬세하고 예리하게 파고든다.

**각자 사연을 지닌 개별적인 존재들**

「내 친구 에비수」는 아픈 동생 때문에 의젓한 오빠가 돼야 했던 소년 히로시와 그를 괴롭히는 단짝 친구에 관한 내용이다. 부모님의 보살핌을 제대로 받지 못한 히로시는 착한 일을 해야 동생이 나을 거라는 믿음을 가지고 있다. 선생님의 부탁으로 갓 전학 온 짝꿍 에비수를 챙겨주지만, 오히려 사소한 일로 인해 심한 괴롭힘을 당한다. 하지만 반 아이들은 아무 저항도 하지 않는 히로시를 도와주지 않는다.

표제작 「나이프」에선 왜소한 체구 탓에 불안한 학창시절을 보낸 주인공이 같은 이유로 왕따를 당하는 아들을 바라보며 부모로서 어찌할 수 없는 무능력과 어른이 되어서도 해결하지 못한 열등감을 실감나게 그렸다. 특히 품속에 칼을 지녀야만 강해진다고 믿는 행동은 섬뜩하기까지 하다.

「캐치볼하기 좋은 날」은 늘 주눅이 들고 머뭇대서 왕따를 당하는 아들 다이스케와 이를 외면하는 아버지의 엇갈린 사랑을 다룬다. 일찍이 부자父子와 함께 어울리던 요시미는 심각한 지경에 처한 다이스케를 적극 도와주지도 않고, 아주 모른 체하지도 않는다. 다만, 어디서부터 뭐가 잘못됐는지 두 사람의 관계를 냉정하게 분석하며 관찰자의 역할에 충실하다.

이 소설들에 등장하는 왕따는 저마다 삶에 큰 슬픔과 무거운 짐을 지녔다. 겉으로 보기엔 알 수 없는 속사정들이 있다. 그런 점들이 알게 모르게 왕따를 당하게 되는 약점이 되기도 하지만, 사람들은 속사정 따위 봐주지 않는다. 있는 그대로의 모습으로 살고 있을 뿐인데 왕따가 된다는 점이 안타깝다. 왕따도 특별한 사연을 지닌 존재라고 생각할 수 있다면 함부로 괴롭히진 않을 텐데…

**왕따는 씩씩했다**

사이좋게 지내야지, 하고 생각하니까 괴로워지는 거야. 같은 반 애들과 사이좋게 지내는 게 당연한 일이라고? 거짓말. 어쩌다 같은 반에 배정받았을 뿐 그 애들은 완전히 남인걸. 완전한 타인이 말을 걸어오지 않는 건 당연한 일이지. (중략) 괜찮아, 심장은 아주 무사히, 제대로 뛰고 있어. 난 죽거나 하지 않아. 자살 같은 거, 절대로 안 해. 살아간다는 건 누구에게나 괴로운 일이야. 그래, 맞아. 즐거울 리가 없어. 지금까지의 생활이 이상했던 거지. 낯선 타인들한테 둘러싸여 있는데 괴롭지 않을 리가 없잖아. 이렇게 간단한 이치를, 왜 모두들 깨닫지 못하는 걸까. (179쪽)

한편 「악어와 왕따」는 아무 이유 없이 갑자기 왕따가 된 소녀의 의연한 대처를 보여준다. 분하고 속상하지만 그런 자신의 마음을 인정하고 침착하려 애쓴다. 아이들이 원하는 대로 동요하거나 화내는 모습도 보이지 않고 왕따에 대한 성찰까지 이끌어낸다. 다만 부모님 앞에서 아무 일 없는 척 연기해야 하는 게 조금 힘들 뿐이다.

마지막으로 실린 「달콤쌉싸름한 우리 집」은 제 자식만 생각하는 학부모들의 결속으로 희생양이 되는 선생님을 왕따로 다루지만, 양육을 둘러싸고 벌어지는 부부 갈등도 실감나게 그렸다. 요즘엔 자녀를 키운다고 해서 맞벌이를 포기하는 가정이 적어 공감을 덜 살 것 같지만, 교사인 아내를 전업주부로 만든 중년 남자의 자기반성과 죄책감이 밀도 있게 그려진다.

### 억지 교훈이 없는 담백한 소설

이 책에 실린 단편은 모두 작위적인 결말이나 희망을 말하지 않는다. 시게마츠 기요시의 작품엔 교훈이라곤 전혀 없다. 다만 살벌한 현실을 외면하지 않으면서 사람들의 마음이 조금씩 움직이는 모습을 잔잔하게 보여줄 뿐이다. 해결책을 세우는 대신 사건 이전부터 진행돼 온 일들을 촘촘한 그물망을 엮듯이 보여줌으로써 왕따를 둘러싼 깊은 통찰을 이끌어낸다. 특히 부모가 비중 있는 요소로 등장하며 섣부른 간섭과 해결을 요구하지 않도록 생각거리를 제시한다.

"저기, 다이스케. 산다는 건 즐거운 거니? 괴로운 거니? 가끔씩 나는 그게 궁금해져. 다이스케를 보면 특히 더 그래. 하지만 계속해서 그 생각에 골몰하다가, 그럼 사는 거 포기할래, 어쩔래? 라는 질문을 받으면, 주저 없이, 사는 쪽을 택할 거야." (281쪽)

이 책은 쉽고 단순해야 한다는 청소년 문학의 편견을 깨면서 작가의 기량을 유감 없이 보여준다. 「나이프」는 우연히 뉴스로 알게 된 전장에 나간 어릴 적 우상과 어른이 되어도 여전히 나약한 자신을 비교한다. 「악어와 왕따」는 아파트 연못에 나타나 사람들의 관심거리가 된 악어와 사람들에게 재미와 호기심 그 이상도 아닌 왕따를 연결한다. 「캐치볼하기 좋은 날」은 한때 영웅이었으나 이젠 쇠락해가는 야구 선수 다이스케와 이름이 같은 주인공의 비슷한 운명을 예고하며 담담한 결말을 맺는다.

시게마츠 기요시의 작품은 다양하고 복잡한 인물과 상황을 보여주며 일관된 공감과 이해를 구한다. 매 작품마다 진심이 전해지는 이유도 한때 지독히 아프고 외로운 외톨이였던 경험의 힘이 작용한 덕이리라. 작가는 삶의 의미에 대해 캐물으며 설령 왕따에서 벗어나지 못해도 계속 살아야 한다고 말한다.

살면서 한 번 이상 왕따를 당하지 않는 사람은 없다고 한다. 왕따는 학교에서만의 문제가 아니다. 평생 사람을 만나야만 하는 우리가 끝까지 붙들어야 할 과제다. 나와 아무 상관없어 보일지라도 미리 부모와 선생부터, 그리고 아이들과 함께 읽고 이야기 나누면 삶에 대처하는 어떤 위로와 용기가 생기지 않을까.

**이찬미** 인천 삼산도서관 사서

# 열일곱 청춘, 자유를 갈망하다

**루나**
줄리 앤 피터스 지음, 정소연 옮김, 궁리, 2010

청소년들은 어른이 되기 전에 자신의 정체성에 대하여 많은 고민을 합니다. 힘들지만 견뎌야 합니다. 성숙하는 과정이기 때문에. 물론 그러면서 자신의 존재를 찾기도 하지만 때로는 그런 여행이 평생에 걸쳐 진행되기도 합니다.

이 책 속 주인공의 고민은 우리가 흔히 생각하는 성숙 과정에서 일어나는 것과는 조금 다릅니다. '성性 정체성'에 관한 것이기 때문입니다. 성 정체성은 시간이 흐를수록 더욱 명확해지고, 일정 시간이 지나 독립할 시기가 되면 자신 속으로 숨거나 혹은 세상 밖으로 드러낼 수밖에 없습니다. 시간이 해결해주지 않는 심각한 문제이고, 혼자 해결하기에는 힘든 사회적 문제이기도 합니다.

## 자유를 위하여 탈출을 시도하다

주인공 리엄은 자신의 내부에 있는 진짜 자기를 드러내지 못하고 혼자 죽음을 생각할 정도로 힘들게 생활합니다. 그는 말합니다. "나, 날 죽이고 싶어", "날마다 똑같아. 숨고, 거짓말하고, 그녀를 안에 가두어. 너무 힘들어, 못하겠어", "난 그녀의 목을 비틀고 있어. 내가 사라지게 하고 싶은 쪽은 그녀가 아니야. 그녀를 억압하고 잡아 누르고 가두는 이런 사기극을, 속임수를, 난 더 이상 해나갈 수가 없어" 그의 생활은 가식이고 연기였습니다. 그 모습은 부모님들이 원하는 것이었기에 노력을 하였으나 쉽지 않았습니다.

리엄은 우등생이고, 많은 여학생들이 좋아할 만큼 잘생긴 남학생이고, 컴퓨터 게임에 능통하여 게임 회사의 전문 테스터로 활동합니다. 하지만 진짜 자신인 루나가 몸속에서 꿈틀거리며 공공장소에서 여자 옷을 입는 등 끊임없이 자유를 위한 탈출을 시도합니다. 비극은 그것을 알아보지 못하거나 알면서도 도와주지 않는 부모님으로부터 시작됩니다. 리엄의 아버지는 아들의 진짜 모습을 알지 못한 채, 리엄이 남자다운 모습을 보이지 않는 것에 대하여 항상 불만을 가집니다.

한편, 오빠의 진정한 모습을 알고 있는 동생 레이건도 오빠 이상으로 힘든 생활을 합니다. 부모님은 자신의 삶을 위하여 최선을 다하지만 서로를 이해하지 못합니다. 엄마는 자아실현을 위해 웨딩플래너 일에 빠져 있고, 아빠는 얼마 전에 해고되어 마트에서 각종 잡일을 하고 있습니다. 그러다 보니 레이건이 오빠를 자신 이상으로 챙깁니다. 오빠가 레이건에게 자신에 대해 모든 것을 이야기하고, 같은 여성으로서 많은 부탁을 합니다. 처음에는 자신의 속옷을 사달라고 하다가, 나중에는 함께 쇼핑몰에서 쇼핑을 하자고 하기도 하고, 공공장소에서 여성의 차림으로 다니는 시도를 해보고 싶다고도 합니다.

레이건은 일상에서 탈출하기 위해 자신이 이상적으로 생각하는 데이비드 부부의 아기를 봐주는 일을 하는데, 어느날 크리스와의 데이트와 겹치자 오빠에게 일을 맡기고 갑니다. 리엄은 늘 자신의 부탁을 들어주는 동생에게 보답하려고 동생 대신 베이비 시터를 하다가 그만 사고를 치고 맙니다. 리엄이 엘리제 부인의 옷과 장신구로 치장을 하는 것을 데이비드에게 들킨 것입니다. 레이건은 오빠를 위기에서 구하지만, 베이비 시터를 그만두게 됩니다. 하지만 그것은 시작에 불과했습니다. 리엄이 좀더 과감해져서 여장을 하고 학교에 나타난 것입니다. 레이건은 그것을 남자친구에게 보이고 싶지 않아서 그 자리를 피하게 되고 죄책감으로 한없이 울기도 합니다. 오빠는 그런 레이건에게 미안한 마음을 가지고 다시는 그런 행동을 하지 않겠다고 말합니다.

**세상의 편견으로부터 당당해지다**

리엄에게 그 일은 고통스러웠지만 한편으로 그 일을 계기로 리엄은 자신감을 갖게 됩니다. 세상 사람들의 다른 생각과 맞서 싸우는 일은 힘들지만 해볼 만하다고, 그리고 자신이 "죽지 않고 살아남으려면 반드시 거쳐야 할 관문"이라고 생각한 것입니다. 레이건은 오빠를 위하여 최선을 다해 이해하고 도와주려고 합니다. 그런데 여장을 하고 학교에 나타난 오빠가 곤경에 처했을 때는 모른 체합니다. 남자친구를 만나면서 자신에게 나쁜 영향을 미칠 것 같아서입니다. 오빠는 동생이 지금까지 자신을 위하여 해왔던 것을 알기에 동생을 원망하지 않고 스스로 어려움을 이겨내고 자신감을 회복합니다.

세상의 편견과 싸우는 일은 정말 힘이 듭니다. 더군다나 열일곱살 생일을 맞은 남학생 혹은 여학생에게는. 이 소설에서 리엄과 레이건은 끊임없이 자신의 마음속 이야기를 있는 그대로 드러내고 세상과 정면으로 부딪칩니다. 세상이 편하게 받아들이는 평범한 성性이 자신의 내면 깊숙한 곳에서부터 솟구쳐 나오는 성性과 다를지라도 절대로 포기하지 않습니다. 주인공은 결국 자유를 선택합니다. 리엄이 성전환 수술을 위해 워싱턴으로 떠날 때, 레이건은 이렇게 고백합니다. "갑자기 온 세상의 무게가 사라지고, 내가 팽창하며 자라나는 느낌이 들었다. 이것이 바로 루나가 자유로워질 때의 기분이라는 깨달음이 찾아왔다. 그녀는 우리들 둘 다 자유롭게 했다" 그들은 스스로의 노력으로 자유를 얻게 된 것입니다.

17세를 넘어가고 있는 청소년들은 다양한 경험을 하게 되고, 그런 경험들은 그들이 성숙하는 데 도움이 됩니다. 어떤 경험은 즐거운 추억으로 힘든 삶을 이겨내는 용기를 주기도 하고, 어떤 경험은 혼자만의 고민거리가 되어 생채기로 남기도 합니다. 이 책을 읽는 우리 청소년들도 리엄처럼 그런 과정이 '죽지 않고 살아남으려면 거쳐야 할 관문'임을 알고 당당하게 맞서길 바랍니다.

**주상태** 중앙대학교부속중학교 교사

# 첫사랑 개론

**포에버**
주디 블룸 지음, 김영진 옮김, 창비, 2011

"우리 모두는 누군가의 첫사랑이었다." 영화 〈건축학 개론〉 포스터에 쓰인 말이다. 버스 정류장에 붙여진 포스터에 누군가 "우리 모두는" 매직으로 지우고 "나만 빼고"라고 써넣었다지만, 그 사람에게도 첫사랑은 분명히 있을 거다. 2012년, 늦게 온 봄 덕분에 봄꽃은 한꺼번에 피어 색다른 즐거움을 주고, 첫사랑 영화 〈건축학 개론〉은 대박 행진을 하고 있다. 첫사랑이 무엇이길래 책과 영화, 연극, 노래의 단골 주제일까? 세월이 흘러 첫사랑을 추억할 때면 늘 따라오는 건 감미로움, 애틋함, 그리움 등이다. 첫사랑이 대단하다면 첫 경험은 또 어떨까? 첫사랑보다 첫 경험은 더욱 강렬하지만, 우리는 성性을 주제로 이야기하면 안 되는 문화에서 살아왔다. 〈건축학 개론〉에서 납득이가 설명하는 키스 장면에서는 함께 웃지만, 일상은 그렇지 못하다.

## 자기 감정에 솔직하기 그리고 열심히 사랑하기

"알아……. 나도 널 사랑하니까." 나는 마이클의 가슴에 대고 조용히 속삭였다. 맨 처음 할 때가 힘든 말이었다. 그 말 속에는 뭔가를 너무 확고히 결정지어 버리는 듯한 느낌이 깃들어 있었다. 그러나 두 번째로 말할 때에는 침대에서 일어나 앉아 마이클의 얼굴을 똑바로 들여다보았다. "사랑해. 마이클 와그너." "영원히?" 마이클이 물었다. "영원히." 나는 고개를 끄덕였다. (101쪽)

영원한 사랑을 말하는 이들은 캐서린과 마이클로, 둘 다 고등학교 졸업반이다. 캐서린은 송년파티에서 만난 마이클을 '좋아하는 건지, 사랑하는 건지' 잘 모르지만 고민 끝에 사랑이라 결정짓고는 마이클과 섹스에 대한 이야기를 나누며 마음의 준비를 하고, 섹스는 사랑을 표현하는 방법의 하나라고 생각한다. 그리고 캐서린과 마이클은 성행위를 하기로 한다. 충동적이거나 무계획적이지 않고, 상대방을 위해서가 아니라 '나의 즐거움'을 위해서 내리는 결정이라 그들은 솔직하고 대범하다. 불편한 건 오히려 독자일 수 있다. 이제 열여덟인데 괜찮을까? 상처받으면 어쩌지 하는 걱정이 들기도 하지만 "즐거움으로 시작해서 지혜로 끝나는 것"이라는 로버트 프로스트의 말을 빌리자면 지혜로 끝날 수도 있다. '자기 감정에 솔직하기 그리고 열심히 사랑하기'라는!

## 영원을 말하기엔 우린 너무 어린 걸까?

"캐스 보거라. 네가 마이클이랑 정식으로 사귄다는 얘기 들었다. 그래
서 유용하겠다 싶은 자료를 몇 개 보낸다. 전에도 말했지만 대화 상대
가 필요하면 언제든 연락해. 할머닌 판단하지 않고 조언만 해 줄 거야.
사랑한다. 할머니가." (149쪽)

어른이 아이의 말과 행동을 판단하는 일을 조금만 덜 해도 어른과
아이는 좀 더 친해질 수 있다. 대신 들어주기와 조언해주기를 하면 어
떨까? 캐서린의 외할머니처럼 말이다. 캐서린은 할머니 사랑에 힘입
어 뉴욕시 가족계획협회를 찾아가 피임법을 상담받고 피임약을 처방
받는다. 미국에 대한 오해는 늘 있었지만, 성생활이 지나치게 자유롭
다는 것도 그 중 하나다. 성생활이 자유롭다는 건, 성에 대한 관점이
다르다는 걸로 설명할 수 있다. 사랑하면 자연스럽게 섹스를 하며 그
에 따르는 책임은 지면서 성욕 자체를 죄악시하지는 않는다. 따라서
할머니는 가족계획협회에서 제공하는 팸플릿을 손녀에게 선물로 보
내고, 부모는 사랑을 나눌 수 있는 장소를 제공하고, 성에 대한 대화
를 수시로 나눔으로써 성에 대한 관심을 '성장'의 하나라고 인정한다.
그럼, 고등학교를 졸업하면 각자 자신이 선택한 대학으로 떠나야 하
는 그들의 사랑은 영원할까?

## 사랑도 배우면서 하는 것

"나는 너를 사랑했던 것을 결코 후회하지 않을 거라고 말하고 싶었다. 그리고 어떤 면에서는 영원히 사랑할 거라고. 너무나도 특별한 사이였기에 우리가 함께했던 그 어떤 일도 후회하지 않는다고. 우리 나이가 열 살만 더 많았다면 모든 것이 달라졌을지도 모른다고. 어쩌면, 다만 영원한 관계를 약속하기엔 내가 아직 준비가 안 된 것 같다고." (259쪽)

작가 주디 블룸은 주로 동화를 썼지만 열네 살 딸에게 건강한 젊은 이들 사랑이야기를 들려주고 싶어서 이 소설을 썼다. 소설이 쓰여진 1975년은 미국이 베트남 전쟁에서 지고, 낙태는 불법이었고, 영화〈죠스〉를 개봉한 해이고, 한국에서는 여의도 국회의사당이 준공됐고 유신헌법 찬반을 묻는 국민 투표가 있던 해였다. 이 소설이 출간되었을 때 영국 신문〈가디언〉은 "이 작품은 혁명적이다"라고 평가했으며, 미국 일부 주에서는 선정성 때문에 금서가 된다.

캐서린과 마이클이 사랑을 나누는 장면을 자세하게 묘사하고 있으니 성행위를 부추긴다는 오해를 살 법도 하다. 하지만 작가도 엄마의 임무를 잊지 않았는지 캐서린을 마이클과 헤어지게 하면서 착한 딸(?)로 귀환시키면서 이야기가 다소 억지스러워진 듯하다. 그리고 마이클은 여자를 만나기만 하면 잠자리만 생각하는 남자들과는 달랐는데 이야기 끝 부분에서 돌연 그의 캐릭터가 변한 것도 의아하다. 첫사랑의 필수인 이별에 능력 있는 작가의 세심함이 부족해서 내게 이 소설은 좀 덜 혁명적이다.

벚꽃이 흩날려서일까? 책은 일본 영화 〈4월 이야기〉(이와이 슈운지 감독)도 생각나게 한다. 우즈키(여주인공)는 첫사랑을 쫓아 고향 홋카이도에서 동경의 대학으로 진학하는데, 동경의 벚꽃은 근사하고 포스터에는 "사랑은 이제 시작이다." 라는 글이 있다. 우즈키처럼 캐서린과 마이클에게도 사랑은 시작될 거다. 더 아름답고 깊이 있는 사랑을 할 거라는 바람과 믿음은 그들의 첫사랑이 순수하고 소중했기 때문이다.

사랑도 배우면서 하는 법! 주변을 돌아보니, 세월이 변한 만큼 이성 교제에 관심이 있는 아이들도 많고 때로는 문란한 성생활로 뉴스가 되는 일도 발생한다. 우리 아이들에게 첫사랑은 무엇일까? 첫사랑은 이루어질 수 없다는 속설 외에 그들이 알고 있는 건 뭘까? 첫사랑이 누구나 하는 일이고 사랑은 늘 계속되는 거라면 제대로 된 첫사랑을 했으면 싶다. 영화처럼, 책처럼 아름답게 말이다. 그 전에 누군가를 사랑하는 내 마음과 상대의 마음을 들여다볼 수 있고 사랑에도 책임이 따른다는 걸 배울 수 있는 책 『포에버』를 권하고 싶다. 이 책에 별명이 허락된다면 나는 '첫사랑 개론'이라 부르고 싶다.

**김광재** 학교 밖 독서 지도

# 삶이란 작은 일이 숱하게
# 모여 있는 것

**열일곱 살 아빠**
마거릿 비처드 지음, 햇살과나무꾼 옮김, 시공사, 2008

### 내 삶에서 가장 중요한 순간은?

자신을 바꾸고, 세상을 다르게 보게 하고, 어쩌면 다른 삶을 살게 한
전환점이 된 순간을 꼽으라면 언제가 될까?

국어시간에 '삶의 전환점' 대해 어른들의 이야기를 듣고 써오라는
과제를 받은 열일곱 살 클레어는 부모님의 말을 빌어 "인생에서 결정
적인 순간을 딱 하나로 집어낼 수 없다"고 이야기한다. 이 말은 '삶의
전환점'에 대한 단순한 의문을 넘어 삶을 바라보는 시선에 문제를 제
기한다.

"대부분의 사람들에게 삶이란 작은 일들이 숱하게 모여 있는 거래요. 하루하루의 일이 천천히 더해지는 거라고요. 그러니까 중요한 순간을 딱 하나만 집어낼 수 있는 사람은 흔치 않을 거래요."(46쪽)

한편 샘은 고모에게 '처음이자 마지막으로 마리화나를 피워봤다가 죽는 줄 알았고, 그 뒤로 다시는 약을 하지 않았다'는 어설픈 이야기를 듣는다. 청소년기 아이들에게 들려주려고 작정하고 지어낸 듯한 이야기여서 내키지 않았지만 과제물로 낸다. 아이들에게 가르치고 훈계하고 싶어 하는 것을 들키는 허술함을 안고 있는 게 어른들임을 확인하면서.

십대들은 그들 앞에 놓인 난제를 어떻게 마주하고 있을까? 작가 마거릿 비처드는 『열일곱 살 아빠』를 통해 청소년기에 임신을 하고 한 아기의 삶을 책임지게 되지만 아직은 아빠로 살기에 이른 열일곱 살 소년이 사는 이야기를 섬세하게 보여준다. 샘은 열일곱 살에 아빠가 되는 감당할 수 없을 거 같은 어려움을 피하지도 않고, 고민할 필요 없는 일상의 즐거움에 머물고 싶어 하지도 않는다. 모든 것을 자신의 삶으로 받아들이며 자기 삶의 주체로 하루하루를 살아간다. 그 안에 자신의 선택이 있고 행복이 있음을 이야기한다. 삶의 어느 한 순간이 인생을 결정 지을 거라는 것을 가르치고 싶어 하는 어른들의 훈계를 비웃기라도 하는 듯 말이다.

**누구나 스스로의 삶을 선택하고 책임질 권리가 있다**
열일곱 살 브리타니는 엄마가 되는 게 힘들어 갓 태어난 맥스를 입양 보내겠다고 한다. 하지만 샘은 "난 걔 아버지야. 내가 키울 거야"라며 맥스를 그의 삶으로 받아들인다. 병원에서 아기를 처음 본 뒤 줄곧 아기를 생각하고 있었던 샘은 "무엇을 하고 싶은지 똑똑히 알고 있"고 "무엇을 해야 하는지 정확히 알고 있"기에 맥스와 삶을 함께 하기로 한다.

　맥스와 함께 산다는 것은 그만큼 자기만의 시간이 줄어든다는 것을 의미했다. 다니던 일반 학교에서 육아 수업이 있는 대안학교로 옮기면서 친구들을 만나지 못하게 된 건 물론이고, 공부, 운동을 할 시간조차 부족했다. 맥스에게 우유를 먹이고 생필품을 사기 위해 마트에 가고 맥스가 잠자는 시간 이외에는 놀아주어야 했다. 게다가 맥스가 젖병에 너무 의지하지 않게 하려면 컵으로 우유를 먹는 것을 자주 시도해야 했다. 샘은 잠잘 수 있는 시간조차 부족할 정도로 자기만을 위한 시간을 접어야 했다.

　샘의 학교 친구인 클레어 역시 딸 에밀리를 키우는 일이 '평생을 걸린 일'이라는 어른들의 우려에도 '그러니까 해'야 한다고 단호하게 결정을 한다. 그렇게 그들은 자기 삶에서 무엇을 원하고 무엇을 해야 할지를 선택하고 결정한다.

### 십대를 바라보는 사회적 편견

어른들은 십대들을 다 알고 있다고 단정해버리지만, 샘과 클레어는 외려 그들의 속마음을 꿰뚫어 본다. 십대 남자애들을 "8초에 한 번씩. 그렇게 자주 섹스를 생각한다"라는 통념으로 바라보고 있다는 것도, 일찍 아빠가 된 샘을 "빌어먹을 십대들, 할 일 없이 빈둥거리는 놈팡이들 같다"고 무시하는 것도 안다.

왜 어른들은 십대들에게 이런 편견을 가지고 있을까? 그 편견은 십대 임신을 '전염병'이라도 되는 것처럼 야단법석을 떨고, '십대 성관계의 위험을 보여주는 본보기'쯤으로 여기는 시선을 만들어낸다.

샘의 아버지 역시 맥스를 키우는 샘을 달갑게 여기지 않는다. 그에게 샘은 십대에 아빠가 되는 말도 안 되는 일을 벌이고, 아기를 키우는 데 필요한 경제적 비용까지 대줘야 하는 대상이다. 그는 샘이 하고 싶은 공부를 하기 위해 대학에 갈 수 없고, 공사장에 나가 돈을 버는 것이 샘이 할 수 있는 유일한 일이라고 여긴다. 샘의 아버지는 십대의 임신을 문제 삼거나 비난하고 싶은 대상으로 샘을 볼 뿐 임신 사실을 알고 자신의 책임을 다하려고 노력하는 샘은 보지 못한다. 이에 상처받은 샘은 "무슨 일이 있어도, 맥스한테 내가 돌이킬 수 없을 만큼 크게 실망했다는 느낌을 주지 말아"야겠다고 다짐한다.

누구든 계획한 대로 삶이 살아지지는 않는다. 샘은 소질도 있고 재미도 있었기에 대학에 가서 컴퓨터 공학을 전공하고 싶었다. 애초부터 열일곱 살에 아빠가 되겠다는 꿈을 꾸지는 않았다. 그러나 샘은 맥스의 아빠가 되었다. 십대에 아빠가 되었다는 것은 그의 삶에 자기만의 시간을 포기하는 것과 경제적인 여건이 좀 어려워진 것뿐이지 평생 자기 삶에 선택권을 박탈당할 만한 이유도, 평생 벌을 받아야 할 이유도 아니다. 그러기에 샘은 피하려고도 하지 않고 뒤로 물러서지도 않는다.

그렇게 맥스와 살아가던 샘은 진정 맥스를 위하는 게 무엇이고, 자신이 그 일들을 해줄 수 있을까라는 의문에 부딪힌다. 그리고 자신이 맥스에게 필요하다고 생각한 것과 정작 맥스에게 필요한 것이 다를 수 있다는 생각에 이른다. 맥스에게도 엄마 품이 필요하다는 사실을 깨달은 것이다. 하지만 맥스를 위해 자신이 당장 결혼을 할 수는 없었다. 결국 샘은 맥스를 위해 어려운 결정을 한다. '과연 내가 옳은 일을 하는 걸까?'라는 또 다른 난제에 부딪히지만, "맥스가, 반드시 이루어 내야 할 내 목표가 되어서는 안 된다"는 것을 알아가며 샘은 하루하루 천천히 자기 삶을 더한다.

**육용희** 어린이책시민연대

### ◆ 함께 읽으면 좋을 책들 (출간연도순)

**부모와 아이 사이** 하임 기너트 외 지음, 신홍민 옮김, 양철북, 2003

**똥보, 내 인생** 미카엘 올리비에 지음, 조현실 옮김, 바람의아이들, 2004

**십대들의 뇌에서는 무슨 일이 벌어지고 있나?** 바버라 스트로치 지음, 강수정 옮김, 해나무, 2004

**니안짱** 야스모토 스에코 글, 허구 그림, 조영경 옮김, 산하, 2005

**씁쓸한 초콜릿** 미리암 프레슬러 지음, 정지현 옮김, 낭기열라, 2006

**레벌루션 No.3** 가네시로 카즈키 지음, 김난주 옮김, 북폴리오, 2006

**로그인하詩겠습니까** 이상대 지음, 아침이슬, 2006

**새로운 엘리엇** 그레이엄 가드너 지음, 부희령 옮김, 생각과느낌, 2006

**구덩이** 루이스 쌔커 지음, 김영선 옮김, 창비, 2007

**난 할 거다** 이상권, 사계절, 2008

**내가 사랑한 야곱** 캐서린 패터슨 지음, 황윤영 옮김, 보물창고, 2008

**물에 쓴 글씨** 베키 압데커 지음, 강수정 옮김, 다림, 2009

**바람을 길들인 풍차소년** 윌리엄 캄쾀바·브라이언 밀러 지음, 김흥숙 옮김, 서해문집, 2009

**순수에게** 손석춘, 사계절, 2009

**그 순간 너는** 김이정 외 지음, 바람의아이들, 2009

**발차기** 이상권 지음, 시공사, 2009

**머리에 피도 안 마른 것들 인권을 넘보다** 공현 외 지음, 메이데이, 2009

**열네 살** 치하라 주니어 지음, 권남희 옮김, 북스코프, 2009

**순간들** 장주식 지음, 문학동네, 2009

**자아 놀이 공원** 이남석, 사계절, 2009

**스카일러가 19번지** E. L. 코닉스버그 지음, 햇살과나무꾼 옮김, 비룡소, 2010

**책으로 크는 아이들** 백화현 지음, 우리교육, 2010

**교실 밖 아이들 책으로 만나다** 고정원 지음, 리더스가이드, 2010

**천국에서 한 걸음** 안나 지음, 박윤정 옮김, 미래인, 2010

**우리 이야기 한번 들어볼래? ― 이주 청소년 열두 명의 생생한 목소리** 보이스프로젝트팀, 삶이보이는창, 2010

**연을 쫓는 아이** 할레드 호세이니 지음, 왕은철 옮김, 현대문학, 2010

**그래도 죽지 마!** 시본 도우드 지음, 설흔 옮김, 생각과느낌, 2010

**아슬아슬 연애인문학** 윤이희나 지음, 이진아 그림, 한겨레에듀, 2010

**괜찮아, 열일곱살** 이나미 지음, 이랑, 2011
**뚱보 생활 지침서** 캐롤린 매클러 지음, 이순미 옮김, 부릴창고, 2011
**내 이름은 망고** 추정경 지음, 창비, 2011
**4teen** 이시다 이라 지음, 이규원 옮김, 작가정신, 2011
**6teen** 이시다 이라 지음, 이규원 옮김, 작가정신, 2011
**라디오에서 토끼가 뛰어나오다** 남상순 지음, 시공사, 2011
**도무라 반점의 형제들** 세오 마이코 지음, 고향옥 옮김, 양철북, 2011
**깡통집** 레슬리 코너 지음, 김경희, 생각과느낌, 2011
**만주의 아이들** 박영희 지음, 문학동네, 2011
**저스트 어 모먼트** 이경화 지음, 탐, 2011
**행복한 진로학교** 박원순 외, 시사인북, 2011
**십대공감** 손병일 지음, 뜨인돌, 2011
**십대마음 10大공감** 김미경.이수정.지현남 지음, 찰리북, 2011
**다른 십대의 탄생** 김해완 지음, 그린비, 2011
**십대라는 이름의 외계인** 김영아 지음, 라이스메이커, 2012
**교실 밖으로 걸어 나온 시** 김선우, 손택수 지음, 실천문학사 2012
**엄마가 한국으로 떠났어요** 조선족 아이들과 어른 78명 지음, 길림신문.인천문화재단 엮음, 보리, 2012
**두려움에게 인사하는 법** 김이윤 지음, 창비, 2012
**나는 사고 싶지 않을 권리가 있다** 미카엘 올리비에 지음, 윤예니 옮김, 바람의아이들, 2012
**몬스터** 테콜스 시본 도우드·패트릭 네스 지음, 홍한별 옮김, 웅진주니어, 2012

**앎과삶 시리즈 4**

17세 누구나 겪지만 아무도 모르는 나이

2012년 6월 20일 1판 1쇄 인쇄
2012년 6월 25일 1판 1쇄 발행

**지은이**    류대성외 27명
**펴낸이**    한기호
**편집**      오효영, 이은진, 박윤아
**경영지원**  홍주리

**펴낸곳**    한국출판마케팅연구소
             출판등록 2000년 11월 6일 제10-2065호
             주소 121-842 서울시 마포구 서교동 484-1 삼성빌딩 A동 2층
             전화 02-336-5675 팩스 02-337-5347
             이메일 kpm@kpm21.co.kr
             홈페이지 www.kpm21.co.kr

**인쇄**      예림인쇄 전화 031-901-6495  팩스 031-901-6479
**총판**      (주)송인서적 전화 031-950-0900 팩스 031-950-0955

ISBN 978-89-89420-79-8 04080
      978-89-89420-71-2 (세트)

값 10,000원